百年巨匠

文衡史鉴尽菁华

大师

启功

Century Masters
Qi gong

隋肖左 著

天行健君子以自强不息地势坤君子以厚德载物

敦煌文艺出版社

图书在版编目（CIP）数据

文衡史鉴尽菁华：大师启功 / 隋肖左著. —— 兰州：
敦煌文艺出版社，2019.12
 ISBN 978-7-5468-1840-5

Ⅰ. ①文… Ⅱ. ①隋… Ⅲ. ①启功（1912-2005）—
传记 Ⅳ. ① K825.72

中国版本图书馆 CIP 数据核字（2019）第 248614 号

百年巨匠 国际版系列丛书

文衡史鉴尽菁华

大师启功

隋肖左 著

总 策 划：马永强　杨继军
项目负责：余　岚　赵　静
统筹策划：徐　淳
责任编辑：张明钰
艺术监制：马吉庆
装帧设计：李晓玲　禾泽木

敦煌文艺出版社出版、发行
地　址：（730030）兰州市城关区读者大道 568 号
邮　箱：dunhuangwenyi1958@163.com
博客（新浪）：http://blog.sina.com.cn/lujiangsenlin
微博（新浪）：http://weibo.com/1614982974
0931-8773148（编辑部）　　0931-8773112（发行部）

兰州华峰印刷有限公司印刷
开本 720 毫米 ×1020 毫米　1/16　印张 11.75　插页 1　字数 178 千
2020 年 1 月第 1 版　2020 年 1 月第 1 次印刷
印数：1 ~ 3000

ISBN 978-7-5468-1840-5
定价：48.00 元

如发现印装质量问题，影响阅读，请与出版社联系调换。
本书所有内容经作者同意授权，并可以使用。
未经同意，不得以任何形式复制转载。

目录 Contents

第一章 出身皇族

2　第一节　贵胄之后
8　第二节　家道衰落
11　第三节　三岁皈依
15　第四节　四岁发蒙
20　第五节　陷入困顿
24　第六节　进入小学

第二章 求学时代

30　第一节　学习国文
35　第二节　初涉绘画
40　第三节　得遇名师

44　第四节　结缘白石

第三章 辅仁岁月

50　第一节　峰回路转
54　第二节　恩师陈垣
59　第三节　辅仁历史
63　第四节　三进辅仁
68　第五节　循循善诱

第四章 成家立业

74　第一节　父母之命
78　第二节　相濡以沫

82	第三节	永失挚爱
86	第四节	无限思念
90	第五节	死亦同冢

第五章　师大生涯

94	第一节	并入师大
98	第二节	尴尬境地
102	第三节	飞来横祸
106	第四节	淡泊明志
111	第五节	意外"解放"
117	第六节	迎来春天
122	第七节	师之典范

第六章　国学大师

128	第一节	师法墨迹
133	第二节	独创"启体"
138	第三节	半生丹青
143	第四节	诗以言志
149	第五节	著作等身

第七章　鉴定"国宝"

154	第一节	七人小组
160	第二节	日常功夫
164	第三节	结缘故宫
168	第四节	智者不惑

第八章　赤子之心

174	第一节	至纯至真
177	第二节	幽默豁达
181	第三节	高山仰止

第一章

出身皇族
CHUSHENHUANGZU

> 社会形势的急剧变化，父亲早逝，命运犹如一只强大的翻云覆雨之手，没有什么道理可言，懵懵懂懂的启功，不得不承受家族衰败和幼年失怙的现实。

第一节

贵胄之后

2005年6月30日,一代国学大师,著名教育家、古典文献学家、书画家、文物鉴定家启功在北京逝世,享年九十三岁。

2005年7月7日上午,启功先生的遗体告别仪式在北京八宝山革命公墓举行,数千民众从四面八方赶来,静静地送别这位堪称"学为人师,行为世范"的大师。人群中,有他的各级领导、有他的朋友同事,也有他的学生和门徒,但更多的是仰慕他学问和人品的普通群众,人们无法接受一代大师最终陨落的事实。

启功的传奇人生,开始于20世纪初期。

1912年7月26日,启功出生在北京。这一年的2月,清

启功

代最后一位皇帝爱新觉罗·溥仪颁布了退位诏书,从此清朝统治中国结束。历史由此进入了一个新的时期。

启功出生时,他的家族居住在北京东城区景山地区什锦花园胡同一所大宅门里。是两座院内相通的四进院落,共有房屋140间,占地面积近5000平方米。此宅为启功的曾祖溥良的宅第,启功出生于此,成长于此,到了十岁,因家道中落才搬了出去。

启功一生不愿意向外人道及自己的家世,但他确确实实是清朝贵胄之后。他的祖先姓爱新,这是一个在大清朝无比尊贵的姓氏。按清朝制度:清朝开国皇帝努尔哈赤的父亲塔克世被尊称为大宗,他的直系子孙称为"宗室",束金黄色腰带,俗称"黄带子"。塔克世的父亲觉昌安共有兄弟六人,俗称"六祖",对这些努尔哈赤"大宗"的伯、叔、兄、弟的后裔,统一称为"觉罗",束红色腰带,俗称"红带子"。"觉罗"的族籍由皇室宗人府掌管,在政治经济上享有特权,与一般清朝贵族不同。这种特权,直到清朝灭亡后才被废除。

启功的始祖是清世宗雍正皇帝的第五子、清高宗乾隆皇帝的弟弟弘昼。

清朝皇室，并不严格按照嫡长制挑选皇帝，往往都是由上一任皇帝指定下一任继承人。如果运气好的话，启功的始祖是有可能当上皇帝的。雍正皇帝继位的故事，历史上众说纷纭，几乎搞成了一桩千古悬案。实际上，康熙皇帝遗诏"传位于四皇子"是由满、蒙、汉三种文字写就，绝不可能是从"传位十四皇子"篡改而来。尽管如此，雍正皇帝登基后，还是深被流言所扰，于是在挑选自己接班人的问题上，他早早就表明了态度，亲自写了遗嘱，即自己宾天之后，大位传于弘历。

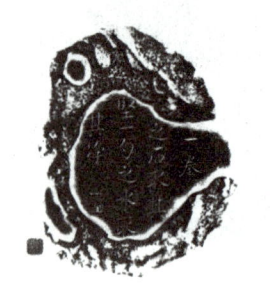

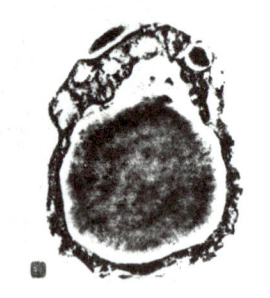

雍正皇帝儿子不少，但他的父亲康熙皇帝却唯独喜爱弘历这个孙子。弘历很小的时候，康熙皇帝就对弘历青睐有加，不仅经常询问其学习读书的情况，甚至还将弘历接到紫禁城里在自己身边，亲自传授学问和帝王之道。雍正登基之后，很可能受到了康熙皇帝的影响，自觉不自觉将弘历作为接班人来培养。其他的几个儿子，虽有觊觎大位之心，奈何雍正帝态度明确，也就只能默认。乾隆皇帝登基后，弘昼被封为"王爷"。

清康熙御用砚及铭

可以看出，启功的出身，不可谓不高贵，但他本人却很少对外界宣扬自己的身世，甚至有点避讳这个话题。经常有人写信给启功，只要称呼是"爱新觉罗·启功"的，他就把那些信都退回去，说查无此人。他曾生气地说："我叫启功，字元白，也作元伯，是满洲族人，简称满族人，属正蓝旗……查查我的身份证、户口本以及所有正式的档案材料，从来没有'爱新觉罗·启功'那样一个人……"

这件事放在今天，真是很奇怪的一件事了。明明是正宗的爱新觉罗后裔，却不拿出来显摆，还显得很不屑的样子。这与今天很多挂羊头卖狗肉的所谓

"名门之后"的网红,或者千方百计、东拉西扯证明某地是名人故里、伟人故居的行为可谓天壤之别。

在启功的自传里,他曾经这样解释:自1931年,日本帝国主义发动"九一八"事变,在满洲建立伪满洲国后,大多数满洲族人就不愿意把自己和"满洲"这两个字联系在一起了。满族虽然是少数民族,但早已认同中华民族的身份,日本人侵略满洲,分裂中国,这是日本人的罪行,不能赖到普通满族人身上。更何况,日本强行建立伪满洲国,想把满洲族人变成满洲国人,这是对满洲族人的极大侮辱。日本为实施分裂中国的阴谋,把溥仪弄到满洲,让他先当执政,后当皇帝。启功说,如果溥仪从大清皇帝的宝座上退位后,变着法儿地想复辟,重登帝位,那是逆历史潮流而动,是他自己的事,与满洲族人无关;但接受日本人扶持,做日本人控制下的傀儡皇帝,为日本分裂祖国做帮凶,那就是对满洲族人的极大侮辱了。启功对溥仪的行为很是不齿,说他一旦做满洲国的皇帝,就与自己有关了。这等于把耻辱强加在所有满洲族人的身上,使他个人的耻辱成为所有满洲族人的耻辱。这是他们所不能允许的,也是他们不能承认的。

另外,启功也不承认自己姓"金"。他说:有人叫我"金启功",那更是我从感情上所不能接受的。满语"爱新",就是汉语"金"的意思。有些"爱新"氏在民族融合的过程中,早早改姓"金",这无足为奇,并不罕见。但启功家这支一直没改。清朝灭亡后,按照袁世凯与清廷商定的清室优待条件,所有的爱新觉罗氏都改姓金。但启功家上上下下都十分痛恨袁世凯,说他这个人出尔反尔,朝令夕改,一点信誉也不讲,是个十足的、狡诈的政客和独裁者。启功祖父临终前,专门将启功叫到床前,讲了两件事,也可以算是留给孙子的遗嘱。其中一件就是"决不许姓金。你要是姓了金就不是我的孙子"。启功谨遵遗命,所以坚决反对别人叫他金启功,因为这已不是随俗改姓的问题,而是改姓了金,就等于违背了祖训,投降了袁世凯。

这样看来,启功先生不愿意承认自己姓爱新觉罗,大抵是因为溥仪在历史

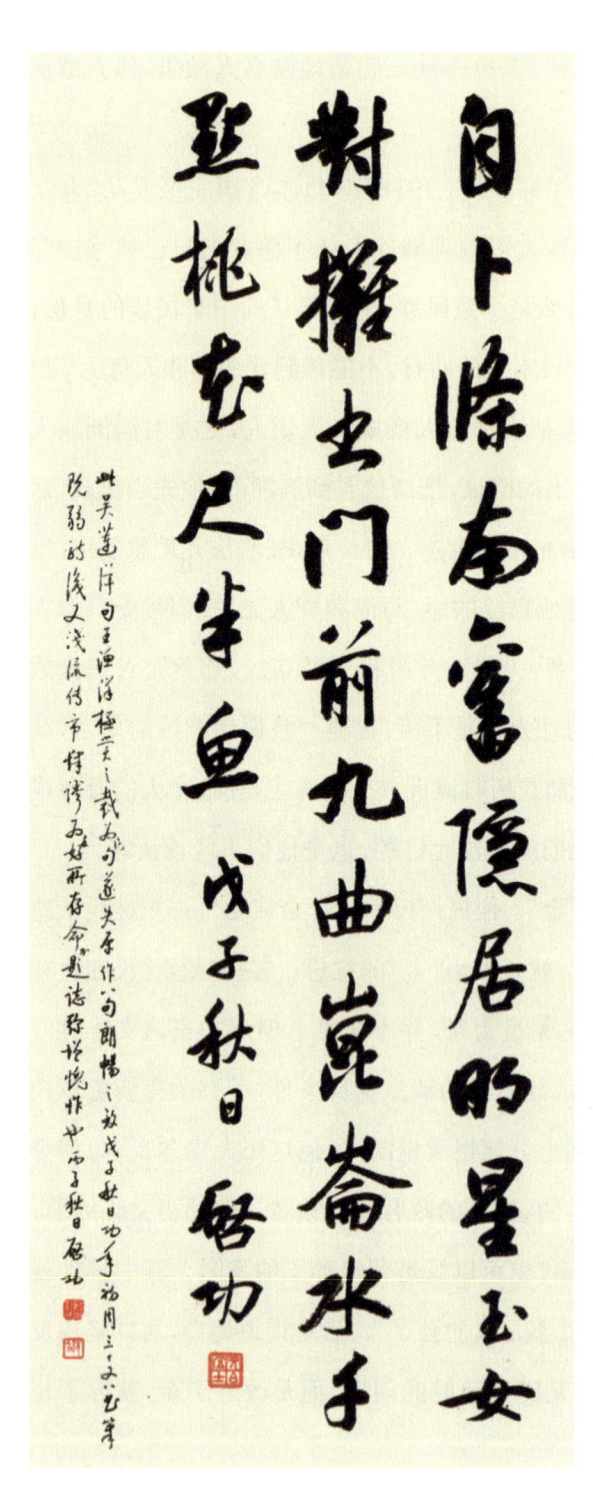

启功书清人诗

上的表现。他看不起投靠日本侵略者的行为，痛恨分裂祖国的卖国行径。不愿意姓"金"，则是由于袁世凯出尔反尔，对不起清朝皇室的原因。

爱新觉罗的后裔有很多，在各行各业成名成家的也有，但书法大师启功，只有一个。可贵的是，这项贵族子弟的帽子他不愿意戴。启功在自传中写道：现在很多爱新氏非常喜欢夸耀自己的姓，也希望别人称他姓爱新觉罗；别人也愿意这样称他，觉得这是对他的一种恭维。这实际很无聊。辛亥革命提出"驱除鞑虏，恢复中华"的口号，凝聚人心，唤醒民众，革命成功后，满人害怕，唯恐说自己是满人，那些皇族的遗老遗少，更害怕说自己是爱新觉罗氏。后来，执政者也认为"驱除鞑虏，恢复中华"的口号有局限性，又提出要五族共荣,和谐共处,形势才缓和了一些。中华人民共和国成立后,爱新觉罗的后裔怕别人说他们对已经灭亡的旧社会、旧势力念念不忘,仍避讳说自己是爱新觉罗氏。到了"文化大革命"时,情况更加严重,人人避之唯恐不及,哪里还有自称予以夸耀的。"文革"后,政府落实民族政策,少数民族不再受歧视,甚至在就业、升学等方面还有优待,于是又出现以姓爱新觉罗为荣的现象,自诩自得,人恭人敬,沆瀣一气,形成风气。

启功觉得这真是无聊,用最通俗的话说就是"没劲"。他用近一百年的历史事实证明,爱新觉罗只是一个姓,它的辱也罢,荣也罢,都已经随着时光消散在历史风尘中,没有什么好夸耀的,也没必要再抱着它津津乐道。

启功不以姓爱新觉罗为荣,认为自己的"启"姓就很好。他有一方闲章叫"功在禹下","禹"是指当年的治水英雄大禹,"禹下"是指大禹的儿子,其名字就叫"启"。还有两方小闲章,用意也在强调"启"姓,用的是《论语》中曾子所说的两句话:"启予手""启予足",意为要保身自重。

启功是一个极有自尊心的人。他的一生,凭本事吃饭,不靠别人,只靠自己。这种性格,极大可能是受家族影响,他的曾祖和祖父,都不是依靠祖宗余荫得过且过,而是自己努力考取了功名,这种"改变不了环境就改变自己"的做法,使得启功很小的时候就树立了"吃自己的饭,不求别人"的意识。

第二节

家道衰落

1911年，辛亥革命爆发，两千多年的封建王朝走向覆灭，中国从"普天之下莫非王土"的封建帝制逐渐走向共和政体。人民第一次，起码是在名义上，享有了参政议政的权利。形势的发展使得清皇室和亲王、贝勒等皇室宗亲很快感受到了变化。启功的家庭也不例外，他生在声名显赫之家，却并没有享受多少令人羡慕的祖荫。事实上，即使没有辛亥革命，启功的家族到了他这一代，也已经式微衰落，不能和以前相提并论了。

启功家族这一支从雍正皇帝起算第一代，第二代即为雍正第五子和亲王弘昼，第三代为永璧，他是和亲王弘昼的次子，仍袭和亲王。第四代叫绵循，他是永璧的四子，袭王爵由和亲王降为和郡王。第五代奕亨是绵循的第三子,已降为贝勒,封辅国将军。从奕亨那代起,虽都封为将军,但只是个虚衔而已,再无实权。第六代载崇是奕亨的第五子,因是侧室所生,不但被迫分出府门,封爵又降至一等辅国将军。第七代溥良,即是启功的曾祖。根据爵位累降的规定,溥良只封为奉国将军。

奉国将军的俸禄,少得连养家糊口都做不到,溥良只能靠教家馆来维持生计。当时他教书,每年能挣 400 两银子,虽然不少,但支付一大家子的生活用度,仍然显得捉襟见肘。

身为贵族,是断然不能做生意或者在社会上谋差事养家的。溥良想来想去,唯有做官一条道可走,否则全家都得挨饿。为了汉族和满族之间的平衡,按清制,规定有爵位的人不能下科场求功名。溥良毅然决然辞去封爵,决心走科举考试这条路。所幸,凭着良好的功底,溥良中举登第,入了翰林,先后任礼藩院左侍郎、户部右侍郎、都察院御史、礼部尚书等职。溥良是一位善于选拔培育人才的人,在他担任江苏学政期间,当时江苏有名的文人学者大多出其门下,他还提携了日后成为清朝著名实业家的张謇。

张謇家与翁同龢家世代友好,关系非同一般。翁同龢虽然是同治、光绪的老师,官至中堂,但不好亲自出面提携张謇,于是就给溥良写信,委托他照顾张謇。溥良收到信后,安排张謇做崇明书院的山长。过了两年,到下一次省试时,张謇拔得状元,溥良的儿子毓隆,也就是启功的祖父也考中进士,入翰林。后毓隆官至四川学政、主考、典礼院学士。

显然,张謇考中状元,与翁同龢及溥良的特意安排有关。中国古代的官场自古就是这样,人情人脉,从来都是升迁升职的捷径。但张謇确也非等闲之辈,他才华横溢,做事果敢。入仕后,张謇觉得在官场上混没前途,就主动弃官经商,去搞实业,成为洋务派中的重要一员。

1913 年 7 月,启功的父亲恒同因患肺病去世,此时启功才刚满周岁。由于恒同去世时仅仅二十岁,尚未立业,也没有任何功名,按照祖制,他的灵柩不能放在家里,只能停在一个小庙里给他烧香发丧。年仅一岁的启功,尚处襁褓之中,就这样第一次当了丧主。懵懂无知的他并不知道,这么小就失去了父亲,到底意味着什么。

启功的曾祖和祖父都是靠官俸维持生活。清朝官员的俸禄本就有限,其曾祖和祖父为官清廉,家中并没有什么积蓄,要想维持生活,就必须有人继续做官或另谋职业。现在家中唯一可以承担此任的人突然去世,这有如家中的顶梁柱突然崩塌,无论在经济上,还是在精神上,给这个正在衰落的家族带来了巨大的打击。如果说启功家族由其曾祖、祖父时开始衰落的话,那其父亲的早逝,就揭开了迅速衰败的序幕。

启功能够依靠的,只有他的母亲了。启功幼年丧父,命运已经很悲惨了,他母亲的命运可谓更加悲苦。启功的外祖叫克昌,由于妻子早亡,就将女儿送到启功三外祖家代为抚养。启功的三外祖在"瀛贝勒"(溥雪斋的父亲)府上教家馆,学生只有两个,其中一个就是启功的父亲恒同。三外祖就把寄居在他家的启功的母亲许配给恒同,也算是给这个命苦的女孩找一个归宿。没想到恒同患有肺病,结婚第三年就去世了,撇下妻子和启功一对孤儿寡母。

社会形势的急剧变化,父亲早逝,命运犹如一只强大的翻云覆雨之手,没有什么道理可言,懵懵懂懂的启功,不得不承受家族衰败和幼年失怙的现实。

第三节

三岁皈依

启功降生后,虽然贵族们不再享受特权,他的家族也不似往日那般鼎盛尊贵,但满人规矩多,讲老礼的习惯还是没有更改。这种封闭的环境对人的个性有着很大的束缚。

据启功回忆,他童年在家族里所受的教育非常封建和严格。很小的时候,大人们就教他要尊敬师长,在家里时时给老人请安,在外面要待人和善,对待伙伴、朋友要讲求诚信。小时候要勤奋学习,长大后才能齐家、治国、平天下。

大宅门里规矩多,自然是不消说的,虽然物质生活大不如从前,但是在曾祖父、祖父以及姑姑等人的抚养关爱下,小启功的童年生活也还算幸福快乐。启功三岁时,发生了一件对他影响很大的事情。为祈福长寿,祖父依照满族人的传

启功皈依喇嘛教

1989年雍和宫法会上，启功又坐在童年时坐过的垫子上背诵经文

统，让他到雍和宫按严格的仪式接受灌顶礼，正式皈依了喇嘛教，从此他成了一个记名的小喇嘛。

启功一生中保持了很长时间对宗教的关注，对喇嘛教的教义也颇有研究，后来他还接受过班禅大师的灌顶。启功进入雍和宫学习，师傅叫白普仁。白师傅给启功起了一个法号，叫"察格多尔札布"，是金刚佛母保佑的意思。

雍和宫原是雍正做亲王时的潜邸，雍正三年（1725年）改为喇嘛寺，称雍和宫。也许因雍和宫是雍正皇帝潜邸的缘故，自从启功在雍和宫皈依喇嘛教后，他就和雍和宫结下不解之缘。按照家族的规矩，启功每年大年初一都要到雍和宫去诵经拜佛。在其师傅圆寂很久后的某一年，启功照例去拜佛，一位八十多岁的老喇嘛仍然记得他，对他说："你不是白师傅的徒弟吗？"启功曾经还为雍和宫题写过一幅匾额和一副长联。匾额的题字是"大福德相"，长联的题词是"超二十七重天以上，度百千万亿劫之中"，表达了启功对雍和宫的虔诚与敬畏之心。

启功曾经说起幼年学习宗教对其一生的影响，他认为，他从佛教中学到了人应该以慈悲为怀，悲天悯人，关切众生；以博爱为怀，与人为善，宽宏大度；以超脱为怀，面对现世，脱离苦难。他还认为，真正的宗教徒并不受本宗教的局限，他的胸怀应该容纳全人类。

熟悉启功的人都知道，他经常会谈到佛教，佛家讲究破我执，舍贪著，"慈悲""博爱""超脱"这些佛教中的大智慧、大领悟在启功身上时时处处都会展现出来，这种境界，是"扫平"了的，是"不着迹"的。启功先生为人随和，对待名利更是淡泊自然，毫不放在心上。曾经，启功一部手写的书稿让一位朋友借走了，没多久，那位朋友又转手卖了，多年后这部书稿又流回内地，启先生不但不生气，把它买下来，还打趣地题了诗。说到这件事，启先生淡然地说："他那时需要钱。"还有一件事，启功一笔给人写字的酬劳钱，被一位朋友"借"去了。事发了，其狡辩说给启功买书了，可是书一本也未看到。有知情者为启功先生鸣不平，在他面前说起此事，可他只是呵呵一笑："嗨！他这人没出息你又不是不知道。"日后，与这位"借钱"的朋友，该怎样处还怎样处，好像此事从未发生过。

有容人之美，不计较、不矫情，启功心胸博大，事事喜欢换位思考。这种想法，是体谅，也是慈悲，更是博爱。

他待人仁义宽容。启功书法出名后，社会上仿冒者众，北京潘家园还有专门批发的。有人开玩笑说，启先生养活了一代人。有一次他来到一家专卖他的书法作品的铺子，一件一

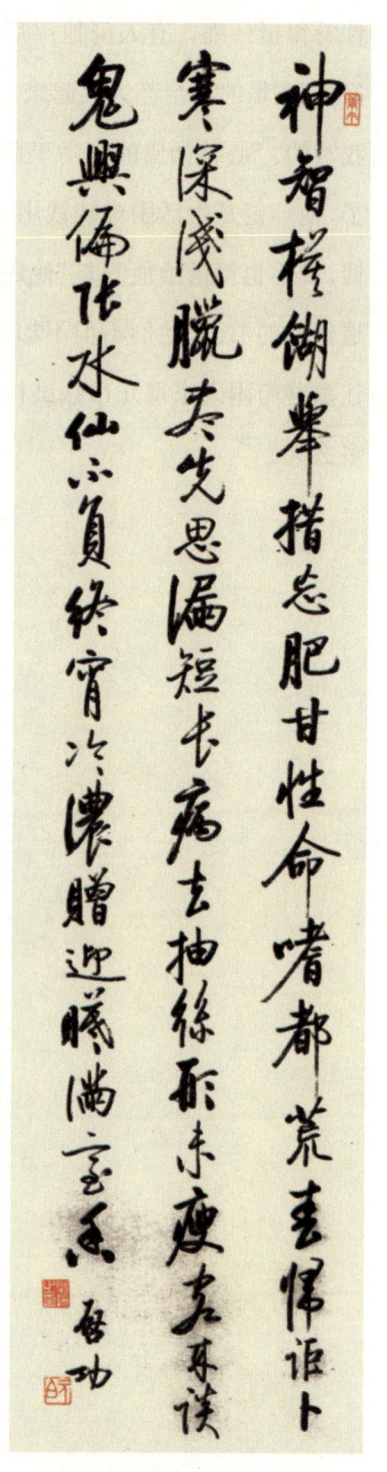

启功自作诗

件看得挺仔细。有人问他:"启老,这是您写的吗?"启功微微一笑:"写得比我好!"在场的人全都大笑起来。过了一会儿,他看店老板尴尬,又改口了:"这是我写的。"心善如佛的启功事后说:"人家用我的名字写字,是看得起我。再者说了,他一定是生活困难缺钱用,我干吗要打破人家的饭碗呢?他要是来跟我借钱,我不也得借给他吗?"他还撰文称赞明代文徵明、唐寅等人,说当时有人伪造他们的书画,他们不但不加辩驳,甚至在赝品上题字,使穷朋友多卖几个钱。让那些穷困人家得几吊钱维持一段生活,而有钱人买了真题假画,损失也不会多么大。

第四节

四岁发蒙

启功小时候，很大一部分时间并不是住在京城，而是随祖父住在河北乡下。原来，启功年幼之时，身体孱弱多病，其曾祖父经常带其去河北易县看中医。易县离京城不远，很多从官场上退休和隐退的老官僚都喜欢退居这里。有需求就有市场，有些名医便在这里设医馆，专门为他们看病。其中不乏一些名动京城的名医和御医。

启功在易县，常住在当地巨富陈云诰家。陈云诰是易县首屈一指的大地主，他曾考入翰林，在启功曾祖父做学政时拜入启功曾祖父门下，算是其曾祖父的门生。陈云诰也是当时著名的书法家，写得一手好字，其颜体丰满遒劲，堂皇大气，直到中华人民共和国成立后，一直在书法界享有盛誉。

启功住在他家的时候，见惯了他与当时书法名家的切磋唱和，这对启功日后研习书法当有一定影响。

启功祖父毓隆墨迹

不过，对启功识字启蒙帮助最大的，不是曾祖父溥良，也不是祖父毓隆，而是他的姑姑恒季华。

启功的父亲恒同是家中独子，只有一姐一妹，大姐早早出嫁，妹妹恒季华早年定下婚事，但男方在婚前不幸夭亡。按最严格的封建制度，既已许配，就不许再嫁，于是恒季华就成了"望门寡"。

清代满人家庭，没出嫁的姑娘在家里的地位是很高的，恒季华又决心终身不嫁，帮助寡嫂抚养启功，也就对启功格外看重。作为家长，她的意见很受重视，并且她也明白，启功日后要想在社会上立足，支撑起这个家庭，必须要有真才实学，往昔的贵族名号，已经没什么用处了。

恒季华没有太高的文化，但还是想尽一切办法，尽力教启功一些简单的知识。她小时候读过一些书，认识一些字，为了让小启功更快更好地学习，她把纸张裁成方块，然后在纸片上写上日常生活用字，让启功读、背、记、认。这种教具，很像现在给小孩子用的启蒙识字卡。到了启功稍微长大一些的时候，姑姑就开始让他练习写字，描红、临字帖，每天总要写上几十字。有时恒季华还手把手教他，告诫他要认真摹写，不能马虎。启功祖父的字写得很好，他把常用字用标准的楷书写在影格上，风格属于欧阳询的九成宫体。小启功把大字本蒙在上面，一遍一遍地描摹，为日后学习书法打下了基础。这些字样，启功日后一直保留着，作为对祖父和自幼习字的纪念。启功日后在书法上取得非凡的造诣，应该与其从几岁就开始习字有很大的关系，这种童子功与自幼养成的对书法的

启功（中）十岁时与祖父（左）、姑丈（右）合影

认知，最终帮助他成为一代书法大师。

　　除了写字、认字，启功还跟祖父学习、背诵了大量的中国古代诗歌。启功很小的时候，尤其是认读了一些字后，非常喜爱看书，简直就是嗜书如命。他爱看书，不过祖父却偏偏不让他多看书，尤其是闲书。在那个时候，《三国演义》《西游记》《水浒传》等一些古典名著，祖父都不允许他看。祖父觉得哪些书他可以看，启功才能看，否则的话就不行。对于启功来讲，这难免有些抹杀他的兴趣，但从祖父的角度来说，这样做也是为了培养孩子的"君子"之道，不受一些"乱七八糟"思想的影响。

　　除了《三字经》《弟子规》这些儿童启蒙经典外，祖父最爱教启功的就是圣人之道和古代诗歌。祖父给小启功讲解时，很注重方式方法，他不采用死板的

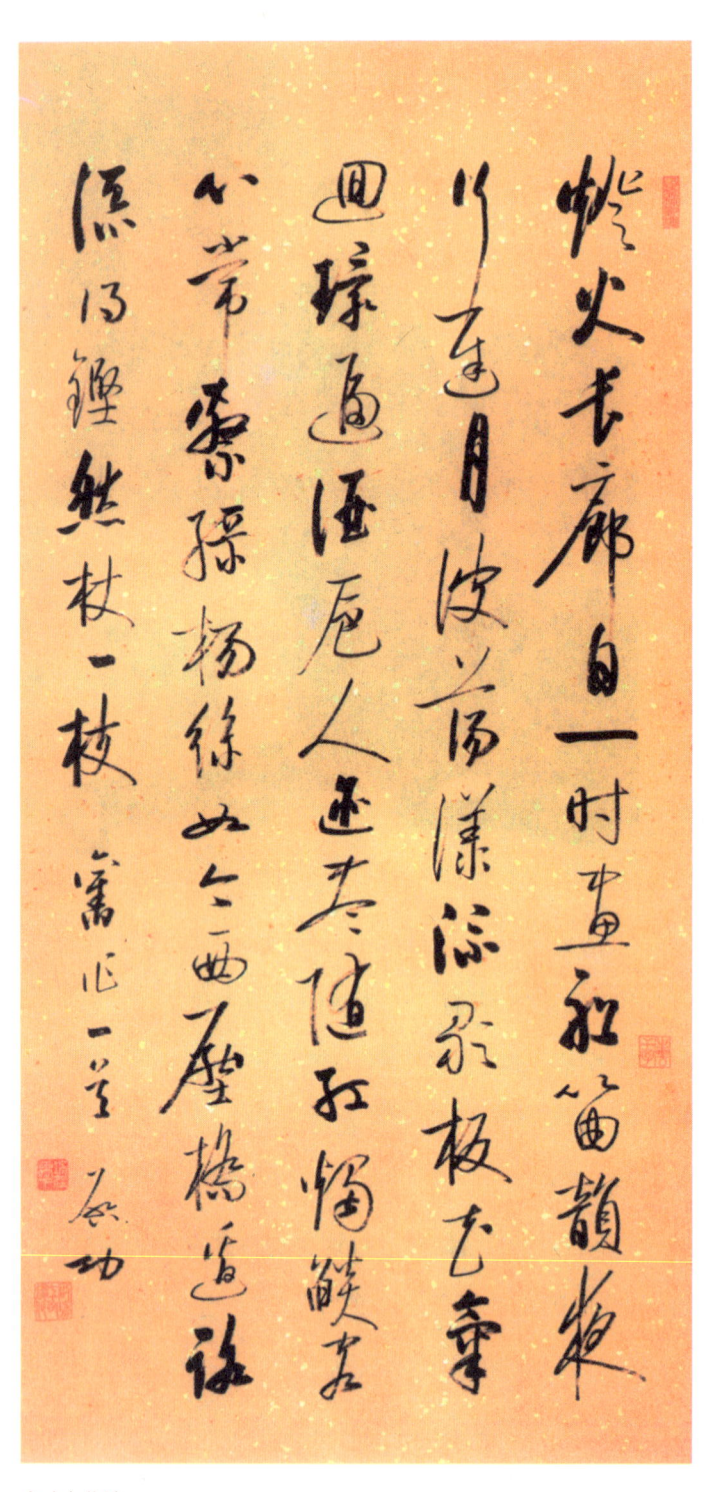

启功自作诗

灌输方式，而是用讲故事的方式把课文讲授给他。比如像《战国策》《论语》《孟子》等，祖父将这些典籍中的故事编成书，拿给小启功看，从而激发起小启功读书的兴趣。祖父只有一个儿子，儿子又过早去世，只给他留下一个孙子，自然对启功是非常疼爱的。这个年幼的孩子，不仅寄托着家族对未来的全部期望，也是对老人"白发人送黑发人"悲苦经历的一种慰藉。祖父喜欢教启功念诗。他经常在晚饭后，一只手把小孙子搂在膝上，另一只手在桌上轻轻地打着节拍，摇头晃脑、韵味十足地教启功吟诵诗歌。启功虽然不懂，但那优美的韵律使他着迷。许多年后，启功说起这段经历，还能惟妙惟肖地模仿祖父教他吟诵时的腔调，据他说，那腔调有点大鼓书的味道。吟诵不仅能使诗歌变得更优美，也能给背诵者多一层听觉上的刺激，记得更牢。启功一生喜欢读诗，也喜欢写诗。读过多少诗，会背多少诗，没有人能说得清。

启功的一名学生说过，举凡《诗经》、汉魏六朝诗、唐宋诗词、元明清诗词、近现代诗词中的名篇以至稗官野史中的打油诗他皆能脱口而出，更令人钦佩的是，有些在很多专搞古典文学的人看来都算是生僻的作品，他也能照背不误。

这名学生曾向启功请教过六言诗的格律问题。启功略一思索，脱口而出十几首典型的六言诗，并写下四首逐一讲解。来者本身就是研究唐宋诗词的专业人士，但对这些诗只是有印象而已，根本背不出来，不由得深深敬佩启功先生的诗词功底。还有一次，他为了写一篇论禅诗的文章，证明禅诗的研究可以扩大诗歌研究的领域与视角，但苦于找不到这样的例子，于是就去请教启功先生。不想启先生一口气就举出好几首："渡口和帆落，城边带角收。如何茂陵客，江上倚危楼。""汉公尝说惠泉师，解讲楞严解赋诗。今日我来师已支，草堂风雨立多时。""西风吹破黑貂裘，多少江山惜倦游。红叶已霜天欲雁，绿蓑初雨客吟秋。""朱楼深处日微明，皂盖归时酒半醒。薄暮渔樵人去尽，碧溪青嶂绕螺亭。"这几首禅诗，意境上禅趣浓郁而字面上又不带禅语，一般研究者很少提到，更别说背诵下来。可见，启功的诗词功底有多么深厚。

第五节

陷入困顿

启功之所以对中国传统书画孜孜不倦一直求索,与其幼年的家庭环境有直接关系。启功五岁的时候,开始随祖父学习绘画。其祖父除了写得一手好字,中国画的造诣也很深。启功回忆,由于当时还太小,祖父并没有亲手教授他绘画的技巧和笔法,但经常让启功看他作画。闲暇时分,兴致来时,老人随便找一张纸,或拿出一个小扇面,这里几笔,那里几笔,信手拈来、随处点染,一幅山水或一幅松竹很快就画好了,没有特意地构思准备,更不用打底稿。小启功看到这神奇一幕,幼小的心灵受到深深震撼。他当时就觉得画画真是一件最令人神往、最神秘的本领,并且要比写大字有趣多了。渐渐地,看惯祖父作画,他萌生了要当一个画家的想

启功书画扇画

法,并且终生保持了对绘画的研究和喜爱,这为他日后成为书画鉴定大师打下了深厚的基础。祖父在他心中留下的深刻印象,一直鼓舞着他,而神奇瑰丽的中国书画艺术,从小就激发了启功学习的兴趣。正如他自己所说,兴趣是最好的老师,兴趣可以激活人的潜质,坚定人的志向,并最终使人取得成功。

除了接受家庭教育之外,启功上小学之前,也读过旧式私塾。他先在一亲戚家的私塾里跟着读,后来又跟着六叔祖搬到土儿胡同。这家私塾设在肃宁王府对面,规模不大,学生不多。老师有一个教四书五经的,一个教英语的,称得上中西合璧。年龄大、入学早的一般读《四书》《五经》等儒家经典,启功年龄最小,就从《百家姓》等发蒙读物读起。没几天,渐渐适应了环境,启功胆子大了起来,儿童调皮捣蛋的天性开始暴露,他看大孩子背得挺热闹,便模仿着跟他们一起背,但又不知道词儿,就摇头晃脑跟着瞎哼哼,滥竽充数,因为这个,没少挨老师的板子。但老师并不是真打,每次都是轻轻地意思意思。一是因为启功头脑聪明,学习和背诵知识都很快,老师喜欢他;二是因为他年龄小,淘气也是难免。

旧式私塾的教学方法大抵都是一样,就是死记硬背,灌输式的学习。老师每天都要检查前一天的学习内容,看看让背的背会没有,背下来的就布置点新内容接着背,没背下来的学生就要挨打。这种方式对于孩子来说,虽是不愿接受的,但也为启功打下了坚实的国学基础。儒家经典中的许多章节,即使几十年之后,启功也能做到脱口而出,这都是在私塾中练就的"童子功"。

启功绘画作品《窥园图》

在私塾上了两年学,一场巨大的灾难降临到他家。1922年,启功十岁,曾祖父溥良因病在大年三十的晚上去世,年幼的启功一夜之间由大家族里受众长辈疼爱的孩子,变成了承重孝的主丧人。三月初三,续弦的祖母死去,七月初七祖父也病故。就这样,像受到可怕的诅咒一样,不到一年,启功家里连续死了五个人。但对他打击最大的还是其祖父的死。父亲的死,使他和母亲失去了最直接的指望,但好在还有祖父这个依靠。启功是他唯一的亲孙子,即使再难,他也不能不照管这对孤儿寡母。现在祖父病死,这最后的依靠彻底断了,而且整个家族确实到了山穷水尽的地步,连吃饭和穿衣都成了最实际的问题。家里不得不变卖房子、字画,用来偿还发丧欠下的债务,甚至连家藏的《二十四史》都卖掉了。不久,启功家再也无力负担大宅门的开销,只好搬出什锦花园胡同,搬到了安定门内的方家胡同居住。当时,启功的母亲和未出嫁的姑姑都是三十岁左右,她们共同挑起了家庭的重担。

好在天无绝人之路,启功祖父在做四川学正时,有两位门生,都是四川人,一位叫邵从熄,一位叫唐淮源。他们知道老师家的状况后,带头捐款,并向启功祖父的其他门生发起了募捐,最后共募集了两千元。二人拿这笔钱买了七年的长期公债,每月可得三十元的利息,并由邵从熄和唐淮源代为管理,每月送到启功姑姑处,大体够这一家三口的基本花销了。这项资助,一直延续到启功升入中学年满十八岁之后。

　　除了经济和生活上的帮助,邵、唐二位居住在北京,也经常关注和指点启功的学习。据启功回忆,自他上小学后,邵从熄每周都要启功带上作业到他家,当面检查一遍,不时地提出要求并给予鼓励。有时启功忘了去,邵从熄就亲自跑上门来检查,绝不马虎。在这种关怀和鼓励之下,启功更是不敢有丝毫懈怠,在学业上刻苦努力,不断进取。

第六节

进入小学

1924年,启功十二岁,他考进了马匹厂小学,这所学校当时是汇文学校的一所附属小学。北京汇文学校始建于1871年,是一所教会学校,学校里的教师和校长都由牧师担任。教会学校与中国的普通私塾有很大不同,最大的差异在教学方式和教学内容上。教会学校不是单一的灌输式教育,更注重教和学的互动。教师讲课,学生听讲做记录,讲解字词的时候先讲偏旁构造,然后再讲字词的意义,力求让学生完全理解。马匹厂小学虽然规模很小,但教学内容很丰富,在艺术、体育方面也给予学生更多的教育,在课外,师生之间也有很多交流和切磋。因此,启功在马匹厂小学求学期间,大大开阔了眼界,学习进步很快。

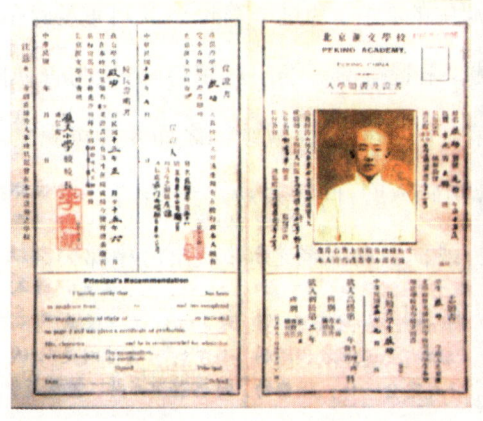

北京汇文学校入校志愿书及保证书　　启功在汇文中学时的留影

1924年，北京城发生了一件大事，冯玉祥率部进京，发动北京政变。之前，清皇室与民国政府签订有优待条件，溥仪可以继续在紫禁城的高墙之内称帝，他的一帮遗老维持着宣统小朝廷，政变后，这些人随时会被扫地出门。清皇室的宗人府自知在北京待不久了，于是趁着还在北京，封了一批清朝贵族子弟的爵位，其中就有启功。宗人府管事人知道启功曾祖、祖父因下科场而主动放弃了封爵，他的父亲死得又早，还来不及获封爵号，就顺水推舟封了启功一个三等奉恩将军。启功本来一直保留着封爵位的文件，"文化大革命"时，怕红卫兵抄家发现，只好偷偷烧掉了。

1926年，启功十四岁时，升入了汇文中学。这所学校位于崇文门内的船板胡同，前身是美国基督教会附设的"蒙学馆"，至今仍是北京颇有名气的重点学校，涌现出梁思成、启功、贾兰坡、孙敬修、王振干、王大珩、王忠诚等各行各业的杰出代表。

启功进入汇文中学后，就开始跟着著名学者戴姜福（戴绥之）先生学习国学，他本人其实对国学也颇感兴趣，但奇怪的是，在学校里他没有选择国文，而是选择了商科。主要是因为家里经济拮据，启功希望通过学习商科，尽快地掌握做生意做贸易的本领，将来走上社会，可以尽早找到工作赚钱养家。

启功深知自己的学习机会来之不易，所以倍加珍惜在汇文的时光，学习十分用功。在学校里，他还受师生的委托，写过一篇论述商科重要性的文章。"至于商科，货殖是究。鸱夷用越，阳翟得秦。谁曰居积可鄙，庶与管仲同功。此三科者，数十百人。奇才杰出者，不可胜记，而成绩因之而斐然可观矣。每见课余之暇，三五相聚于藏书之室，切磋琢磨，同德共勉，为五年率。攘攘熙熙，相观而善。暇则或为指陈当务之文，或作坚白纵横之辩；或出滑稽梯突之言，或好嬉笑怒骂之论，往往有微旨深意，寓于其间。"

文章中，启功热情洋溢地论述了商科的重要性以及同窗学友刻苦学习的场景。事实上，启功和老师、同学们的关系也非常好。汇文中学开放的、全面发展的新式教育不同于旧时代私塾教育，给少年启功留下很深的印象。启功并不是外向、顽皮的孩子，但他天性里还是有着活泼和勇于表现的因子。当时，教他们的语文老师是个高度近视者，启功有一次假装有问题不懂，故意让老师翻书讲解。这本书是一本字号最小的袖珍版的《新约全书》，字比蚂蚁还小，语文老师挤着眼睛看了半天，脸都快贴书上了，还是看不清。直到启功憋不住笑出声来，老师才恍然大悟，知道是故意刁难他，就用教鞭照启功的屁股打了一下。启功假装委屈问："您为什么打人啊？"老师又气又笑："你这个学生，敢拿我开涮，我不打你打谁？"

启功在汇文学校时撰写的年级史

诸如此类，调皮捣蛋的事启功还干了不少，但老师大都是以容忍的态度对待。不仅教师如此，校长也不是整日正襟危坐、板起面孔管理学校。有一次课间

启功在汇文学校时与同学合影（第二排左二）

休息的时候，启功同班的一群男生追逐打闹，一名学生受了其他同学的欺负，嘴里"儿子、儿子"喊着追对方要"报仇"，结果一头撞进了课间巡察的校长怀里。这帮孩子都吓愣了，傻傻地站在那里不知所措。反倒是校长不以为然，他拧着这名闯祸的学生的嘴巴打趣说："你小毛孩子一个，又没娶媳妇儿，哪儿来的儿子？"大家听了，哄堂大笑。

在这样的学校，每天都有新鲜有趣的事发生，大家生活、学习起来饶有兴致。汇文的老师为孩子们身心的自然发展提供了远比旧式教育广阔得多的空间。在学校里，所有同学地位平等，不论出身、不论名次，同声相应、同气相求，少年的本性得到释放。这段难忘的学习生涯深刻影响了启功的一生。在这所学校，启功不仅学习新知识，还结识了新朋友，后来成为考古学家的贾兰坡是他的同桌，物理学家王大珩也是他的好朋友。

令人惋惜的是，启功虽然在汇文中学一直读了五年，最终却没能毕业。关于此事，启功先生曾经对自己的学生讲过其中的原因。其一是由于经济的原因。当时启功的家族已经衰败，没有产业，也没有足够的积蓄，加上许多债务需要偿还，正所谓"富在深山有远亲，穷在闹市无人问"，许多势利眼的亲戚断了和他家的往来。世态炎凉、人情冷漠和巨大的精神压力，使年轻的启功背上了沉重的精神包袱，终日处在矛盾与不安之中，消减了他继续学习的动力。二是在进入汇文中学之前，启功没有学过英语和数学，这两门功课他学得非常吃力，加上对这两科没有什么兴趣，考试屡次挂科，他也不愿意参加补考。其三，也是最主要的原因，启功想早点找到工作，自己能挣钱减轻母亲与姑姑的负担。他那时正跟随戴姜福先生学习古文，并且兴趣正浓，于是干脆肄业，集中精力学习古文。

第二章

求学时代

QIUXUESHIDAI

启功先生以字名世，被称为书法大师。但按他自己的说法，他从小是想当一名画家的，并且从小在绘画上狠下了一番功夫。他还说，自己的画比字好。这当然是其自谦之词，却也说明启功对丹青技艺也颇为自得。

第一节

学习国文

　　1932年，启功放弃中学的学业，希望尽早找一份工作养家糊口，于是托亲朋好友四处打听。有人听说了，跑上门来发表意见，指责启功胸无大志，不应该这么早辍学，而是应该传承教育世家的衣钵，继续上学，甚至应该出国留学。启功听了，表面上虚心接受，内心里却说道："留洋求学是很好，可哪里来的钱呢？再说，就是有钱了，我出去了，谁来管我母亲和一个没有出嫁的姑姑呢？"

　　启功在汇文中学学的是商科，为了增加自己将来谋职的机会，多掌握一些知识，在启功先祖老世交的介绍下，他同时跟随戴姜福先生学习中国古典文学，习作旧体诗词。

　　戴姜福先生字绥之，江苏人，别号山枝，是一位国学功底深厚的大师。他在启功曾祖任江苏学政时,曾被选为拔贡,入京参加考试,考中举人。为此,当启功找到他,戴姜福毫不犹豫就答应下来,做了启功的国学老师。当时的戴姜福早就从政界退下来,以教书为生。他最早给清政府四川总督赵尔丰当过秘书,辛亥革命爆发后,赵尔丰被杀,戴姜福携家带口从成都逃到北京,后在北洋政府下设的评政院任职。北伐战争后,评政院解散,戴姜福失业在家,只好去教家馆谋生。由于他学识渊博,许多大户人家都聘请他教授自家子弟。戴姜福精通古典文学,曾参与编写《续修四库全书》。他也是位良师,很善于因材施教。启功虽然已上了汇文中学,而且快毕业了,但他对学习古文极有兴趣,每天下午四点必定到礼士胡同曹家随戴老师学古文。

戴姜福学问非常全面,音韵学、地理学、文字学都很精通。他对启功说:"诵读经典,是学习国文的重要方法和基本功。诵读是在初步理解的基础上,用朗读的方法,反复熟读课文,逐步加深理解,获得比较牢固而丰富的感性知识。像你这样的年龄和基础,从'五经'念起,已经不行了,还是重点学'四书'和古文吧。至于'五经',你可以看一遍,点一遍,我给你讲讲大概就可以了。"

启功很小的时候,跟着祖父学过一些古文,本就有一定基础。随戴姜福先生系统学习后,开始大量阅读中国古典经典著作。他利用课余时间,把《诗》《书》《礼》《易》及《春秋》中的《左传》都认真读了一遍。为报答启功曾祖的知遇之恩,戴先生精心培育启功,对启功的要求非常严格,甚至到了苛刻的地步。此时,启功已经年满十八岁,并不是学

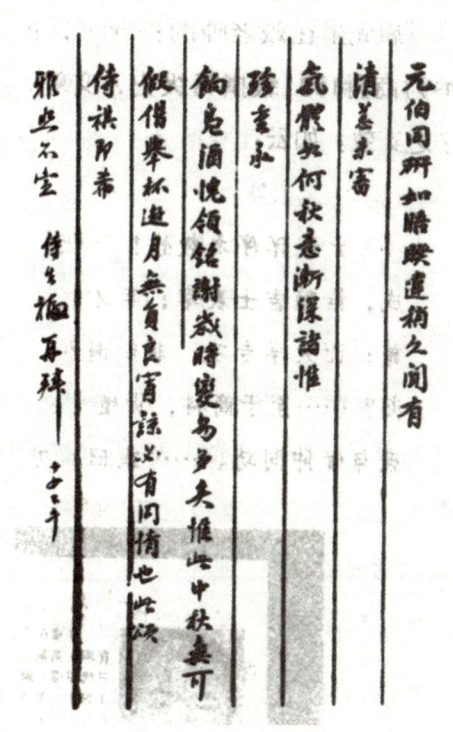

戴绥之先生墨迹

习的最好阶段。对启功来说,最困难的是以他当时的古文水平,要想读懂《论语》《庄子》是很困难的。戴先生并不给启功按文章逐句讲解,而是充分发挥启功的自我能动性。他找了一本木刻本《古文辞类纂》,没有标点句读,戴先生在选出的篇题上点一个朱笔点,一次选几篇,说:"你去用笔按句加点。"就这样,启功自己句读,自己阅读,自己理解。

戴先生每日都要检查启功学习的进展情况,有时会给启功布置许多作业。第二天上课时,再将头一天布置下来的作业细细检查。当时的启功还要完成中学的作业,加上戴先生布置的几十页古文,晚上总是得学到很晚。但即使再辛苦,睡得再晚,启功也一定完成老师布置的作业。戴先生检查作业时,逐句低声念着,念到启功昨天点错的地方,就用红笔标示,然后把正确的地方点出来。直到这时,戴先生才会讲解这句是什么意思,启功点的为什么错了。听了老师的讲解,启功恍然大悟:凡自己点错处,都是不懂某个字、某个词或者某个句式,尤其是人名、地名、官名等等专有名词,这是自己古文基础不牢的表现。戴先生给启功量身定制的这套方法,特别适合启功,而"追赶"的速度也很快,没多久,启功就读完了一本《古文辞类纂》,后来还用同样的办法读了一部《文选》以及春秋诸子的散文。

除了教启功学习古文,戴先生还注重启功的思维锻炼和学术思想的养成。他本人熟读儒家经典,却不赞成程朱理学那一套说教,反而对法家思想推崇有加。有一回,他给启功出了一篇作文,题目是《孔孟言道而不言理》,这题目本身就具有启发性。戴先生为了让启功理解文章,从头讲孔孟的学说怎样,程朱的学说又怎样,又着重指出,程朱一派原来叫道学,后来才标举理学,为的是强调他们掌握了真理。戴先生对《墨子》也不感兴趣,他宁肯同意韩非的观点,也不同意墨子的观点,学术观点非常鲜明,而且颇具个性。这种研究学问的方法和原则,对启功的影响很大,使他学到了在学术上不盲从,要勇于坚持己见。

启功后来回忆说,跟随戴先生读书时懂得了不少道理。比如,遇到不懂的

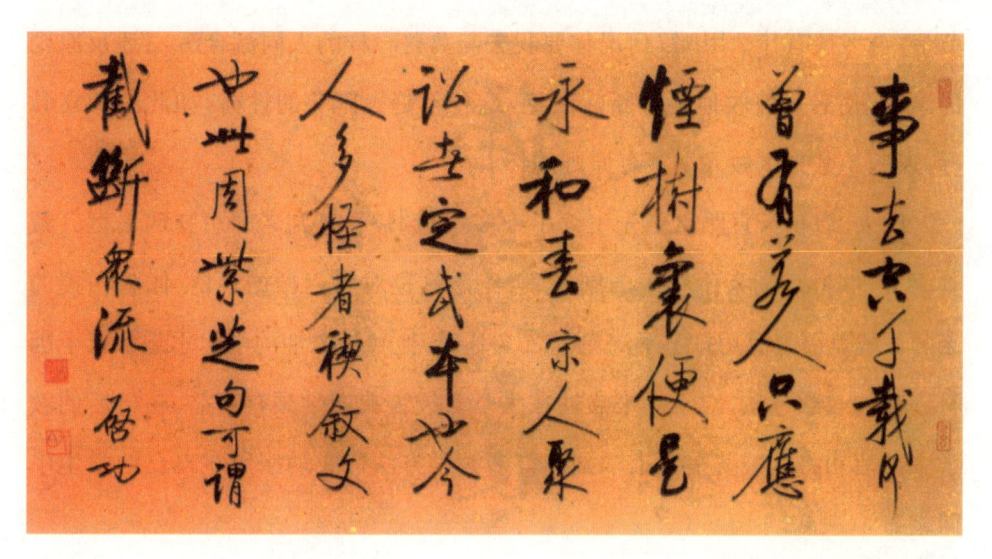

启功作品《周紫芝句》

地方,应该到哪里去查、怎么查;重读一遍,就会有新的理解;读书要先了解概貌,然后再逐步去理解细节;如果碰上实在难懂的篇章,不妨就放弃了,不要盲目浪费时间。

戴先生经常出题叫启功写作文,并教导他:作文,首先是在行文上要能"连",用现在的话来说,就是要求语言的逻辑性;其次,要懂得"搭架子"的道理,换言之,就是文章要有主题、有层次。每当启功写完作业拿给戴先生看时,先生都会认真地加以批改、讲解、提意见。

戴先生还教导启功要经常翻阅《四库简明目录》,还教他如何用《历代帝王年表》列提纲要领,以了解古代历史的全貌,然后在这基础之上再逐个事件去看《资治通鉴》。这种举一反三的学习方法的效率非常高。

戴先生平素生活很节俭,著作的稿酬有结余就拿来接济亲戚,没有一点储蓄,生活也就过得紧紧巴巴。有一次,一位友人的小辈,很受当政的某权贵信任,他想让先生在经济上宽裕一点,说某权贵求贤若渴,愿意多给聘金让戴先生去做事,请千万不要推辞。戴先生脸色变得很不好看,不卑不亢地说:"我和我的学生每天研习学问感到很快乐,虽然学费收到的不多,但吃用开销外还有节余,再多钱有什么用呢?何况你要我去与禽兽一样的人同流合污。"违反原则的事,即使名利双收他也会断然回绝,这种不趋炎附势的性格,如此的特立独行,表明了戴先生做人是很有原则的。

后来,启功一直跟着戴先生读了十多年的书,一直到老师患肺病去世。戴姜福去世时,启功亲手写了一副挽联,纪念这位对自己循循善诱、倾囊相授的老师。戴姜福为启功打下了深厚的古文基础,他独具个性的学术思想和善于因材施教的教学方法,对于后来启功在大学教授古典文学颇有裨益,在日后的教学中,启功将从戴姜福身上学到的许多教学方法,成功应用在自己的学生中间。

第二节

初涉绘画

启功先生以字名世,被称为书法大师。但按他自己的说法,他从小是想当一名画家的,并且从小在绘画上狠下了一番功夫。他还说,自己的画比字好。这当然是其自谦之词,却也说明启功对丹青技艺也颇为自得。

少年时,启功有幸先后遇到几位老师,学到了中国画的精髓,参透、继承了明清文人画的传统。20世纪50年代,他的画就达到艺术高峰,擅山水,风格秀逸。专家评论他的画最突出的特点是:"以画内之境求画外之情,画境新奇,境界开阔,不矫揉造作,取法自然,耐人寻味。"后来由于他的书名大盛,"书债"不断,应接不暇,没有太大精力继续作画,所以他流传于世的画作不多,尤显珍贵。启功七十岁以后,绘

贾羲民山水画

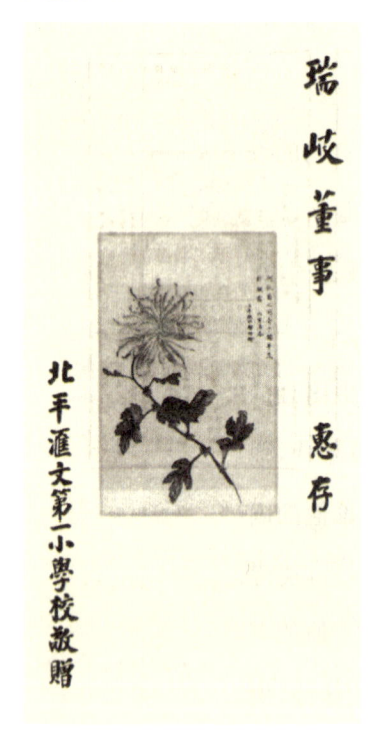

启功先生小学三年级所绘《菊花图》

画喜欢兰、竹等传统题材，构图平中寓奇，以书法之笔入画，已臻化境，画作风格明净无尘，清劲秀润，充满书卷气，具有典型的文人画韵味。

启功在少年时代学习绘画的第一位老师是贾羲民。他升入中学不久，正式磕头拜贾先生为师，学习绘画。贾先生是北京人，以做私塾里的老师为业，北洋军阀统治时期，他还做过部曹小官。贾先生精通书史，虽然作画的技法还不是那么精湛，但他的见识却很不一般，启功跟他学画，就很好地继承了他作画不讲究点、皴，不拘定法的思想。贾先生对启功的教诲非常细心，尤其是在书画鉴赏方面，先生经常带着他去故宫博物院看展览陈列的古书古画，从而借鉴、学习古人的技法。启功回忆，由于实地观摩的印象非常深，许多年以后闭起眼睛，还能清楚地想起它们当时挂在什么位置，每张画画的是什么，画面的具体布局如何。这种经历，大大增长了启功的审美能力及对绘画作品的鉴赏能力。看展览的时候，贾先生也不忘给启功讲一些鉴定、鉴赏的知识，如远山和远水怎么画是属于北派的，怎么画是属于南派的，宋人的山水和元人的山水有什么不同等等。这些知识和眼力是非常抽象的，只靠看书是学不会的，必须有真正的行家当面指点。

启功后来回忆贾先生时曾说："我现在也

吴镜汀先生　　　　　　　　　吴镜汀先生在作画

忝在'鉴定家'行列中算一名小卒,姑不论我的眼力、学识上够多少分,即使是在及格线以下,也是来之不易的。这应当归功于当时故宫博物院经常的陈列和每月的更换,更难得的是我的许多师长和前辈们的品评议论。有时师友约定同去参观,有时在场临时相遇,我们这些年轻的后学,总是成群结队地追随在老辈之后。最得益处是听他们对某件书画的评论,有时他们发生不同的意见,互相辩驳,这对于我们是异常难得的宝贵机会,可以从中得知许多千金难买的学问。"

启功在书画上的第二位老师是吴镜汀先生,他是贾羲民先生主动为启功介绍的。吴镜汀曾任中国画学研究会评议、北平艺专山水画专任讲师。1949年后,历任北京画院副院长、中国美术家协会书记处书记。贾老师和吴老师的关系很好,经常往来,彼此唱和。启功喜欢吴镜汀的画,希望能有机会跟着学习。贾羲民先生得知后,在一次聚会上主动把启功介绍给吴老师,还嘱托吴镜汀先生好好教。旧社会的文人,非常看重门第和师生有序,能够主动让自己的学生转投到他人门下,说明贾羲民先生具有非常大的胸襟和度量,也能看出来他对启功的厚爱和赏识。

吴镜汀早年学画从清初王石谷入手,并得到近代画家金拱北的指导,吸取了丰富的传统技法,打下了稳固的基础。1918年,吴镜汀参加了新成立的北京

吴镜汀先生作品《江山胜览图》(局部)

大学画法研究会,在研究会创办人蔡元培主张的"循思想自由原则,兼容并包"理念指导下,吴镜汀接触了不同的画种和艺术思潮。1920年吴镜汀加入新成立的中国画学研究会。当时,他的作品已能兼容南北、多法具备,画面有的精谨,有的洒脱,气度雍容,呈现出深厚的绘画修养。

收启功为学生后,吴先生教授画法极为耐心,使得启功长进很快。吴镜汀绘画风格尊重传统,对历代大师的笔意研究非常透彻,他能研究透每种风格、每个人用笔的技法,如王原祁和王石谷的画都是怎样下笔的,他可以当场表演,随便抻过一张纸来,这样画几笔,那样画几笔,画出的山石树木就是王原祁的风格,再那样画几笔,这样画几笔就是王石谷的味道。启功跟随他学习绘画,获益匪浅。

吴镜汀教学时,比较注重深入浅出地讲授,同时辅以大量的实践练习。这种理论联系实际的授课方式,把画理的基本构成都解剖透了,有点现代科学讲究实证的味道。时间不长,启功用笔技法能力就得到了很大提升,而且对日后他在书画鉴定方面有深远的影响,因为看得多了,又懂得"解剖学"的基本原理,便掌握了诀窍,一看画上的用笔,就知道这是不是那个人的风格,符合不符合那个人的习惯。

启功学画,一方面紧紧跟随老师的步伐,但也不全拘泥于老师的套路。在跟随吴镜汀先生学画期间,启功既能领会吴先生的笔意,而且还总能添加自己的创意,体现自己想要的独特风格。因为家境贫困,启功一边跟着老师学画,一边不得不卖画补贴家用,也有一些的佳作在社会上流通,受到收藏家们的青睐。可惜的是,后来启功研究方向转向书法和文物鉴赏,在绘画上没有继续坚持下去。启功后来回忆起这段求学经历,颇有悔意:"我自悔恨的是先生盛年时精力过人,所画长卷巨幛,胜境不穷,但我只临习一鳞半爪,是由于不能勤恳。其次后来迫于工作性质的不同,教书要求'专业思想',无力兼顾学画,青年时所学的,也成了半途而废。"

"半途而废"或许是启功先生对自己学画生涯的真实评价。不过,仅仅是一个"半途而废"的书画家启功,也已经足够让后人景仰和学习了。有许多书画评论家说启功书画的最大特色就是"大师画",在尊重传统的基础上,具有个人鲜明的艺术特色,充满了文人雅士的深邃趣味,以画内之境求画外之情,画境新奇,画境开阔,杜绝矫揉造作,画态自然,令人回味无穷。由于启功绘画作品存世不多,市场也极为热捧,目前,他的绘画作品价值均已逾百万元。

第三节

得遇名师

　　启功喜作诗，擅作诗，是一位高产高质的诗人，一生中写了许多诗歌。启功有很好的家学打底，上学后，研习书画之余，对诗歌的热情也一直不减。在汇文中学期间，他经常参加同族长辈和诗坛名士溥心畬、溥雪斋等人主持的笔会，与师友谈诗论词、酬唱应和，当时就小有名气。后来他出版有《启功韵语》《启功絮语》《启功赘语》等诗集。他的诗词格律严谨工整，语言典雅丰赡，意境深远含蓄，学力深厚坚实，深具古典风韵。同时又能坚持"我手写我口、我口道我心"的原则，不为古人所囿，写出自己的真情实感，读之令人动容。

　　据启功回忆，青年时期，他在绘画和诗歌创作上得到过溥心畬的悉心指点。溥心畬原名爱新觉罗·溥儒，满族贵族，为清恭亲王奕䜣之孙。曾留学德国，诗文、书画皆有成就。画工山水，兼擅人物、花卉及书法，与张大千并称"南张北溥"，又与吴湖帆并称"南吴北溥"，是当时公认的书画大师。

溥心畬出身皇室，因此皇宫内许多珍藏，自然多有观摩体悟的机会。他曾经收藏了一件明代早期佚名画家的山水手卷，细丽雅健，风神俊朗，俱是北宗家法，一种大气清新的感觉满布画面，溥氏的笔法几全由此卷来。因此其所作山水远追宋人刘李马夏，近则取法明四家的唐寅，用笔挺健劲秀，真所谓铁划银钩，将北宗这一路刚劲的笔法——斧劈皴的表现特质阐发无余，并兼有一种秀丽典雅的风格，再现了古人的画意精神。书法方面，溥心畬行草学二王、米芾，飘洒酣畅，他主张树立骨力，强调书小字必先习大字，心经笔法，意存体势，如此书法方能刚健遒美，秀逸有致。其小楷作品金刚经用笔意境高古，气韵生动，堪称绝妙。

按辈分，溥、毓、恒、启，溥心畬是启功的曾祖辈。但是，按姻亲关系，溥心畬的母亲是启功奶奶的亲姐姐，溥心畬是启功的表叔。按理说，这是关系非常近的亲戚，但是，启功年少时，一直没与溥心畬有什么交往。原因就在于溥心畬身份高贵，在当时的文坛又是大名鼎鼎，启功家里说"贵亲不敢随便攀附"，实则是家族的骨气，不愿意"无

溥心畬先生

溥心畬、溥雪斋、祁井西、吴镜汀合作山水扇面

功受禄"。反倒是一次在敬懿太妃的丧事上,启功遇到溥心畬,他与启功交谈了几句,觉得启功是一个可造之才,便叫启功有时间到他那里去。启功的母亲知道后,告诫启功,对于贵亲,要非请莫到。但是溥心畬先生爱才心切,见面时总是问启功为什么不到他家去。几次下来,启功才敢经常登门求教。

溥心畬得传统正脉,受马远、夏圭的影响较深。他在传统山水画法度严谨的基础上灵活变通,创造出新,开创自家风范。溥心畬的出身也让他在时局变换、沧海桑田的特殊人生经历中悟到平淡宁静才是人生至境。这种心境表现在其诗歌创作和美术作品中,尤其呈现出空灵超逸的境界。在与溥心畬的诗歌唱和中,启功记得溥心畬的两首诗歌:

昔日千门万户开,愁闻落叶下金台。寒生易水荆卿去,秋满江南庾信哀。西苑花飞春已尽,上林树冷雁空来。平明奉帚人头白,五柞宫前梦碧苔。

微霜昨夜蓟门过,玉树飘零恨若何。楚客离骚吟木叶,越人清怨寄江波。不须摇落愁风雨,谁实催伤假斧柯。衰谢兰成应作赋,暮年丧乱入悲歌。

启功本人对这种"空灵"并不喜欢,但也模仿着溥心畬的诗风在一张扇面上作了一首题画诗:

八月江南岸,平林欲著黄。
清波凝暮霭,鸣籁入虚堂。
卷幔吟秋色,题书寄雁行。
一丘犹可卧,摇落漫神伤。

溥心畬看到后,不相信是启功写的,当得到确定的答案后,他高兴地笑了起来,觉得启功是理解他的人。

溥心畬对启功的指点和影响是全面的。他不仅书画好,且从小即通诗词及典籍,晚年常对弟子说,称他画家,不如称他为书家,称他为书家,不如称他为诗人,可见他对自己诗心的看重。溥心畬把诗歌修养看作艺术的灵魂,认为搞艺术,特别是书画艺术当以诗为先。启功到溥心畬那里是想学画,但是,每当提及,溥心畬总是先问:作诗了吗?后来,启功就索性向他求教作诗的方法。

作为当时的文坛风云人物,诗琴书画样样精通的溥心畬平日经常组织一些艺术活动,邀请社会各界人士和文人雅士来家中聚会,颇有些西方"沙龙"的意味。启功经常参加这些活动,一是可以有机会近距离欣赏、学习前辈们的才华,二是也可多认识一些朋友,积累人脉。有一次,溥心畬邀请张大千前来,"南张北溥"两位泰斗聚在一起举行笔会,此乃难得的艺坛盛事,大家都前来观摩。这次笔会给启功留下了深刻印象:两位大师见面并无多少谈话。只见大堂中间摆一张大案,二位面对面,各坐一边,旁边放着许多张单幅册页纸。二人各取一张,随手画去,不加思索运笔如飞。一张纸上或画一树一石,或画一花一鸟,互相把这半成品丢给对方。对方接过画稿,根据原意再加几笔,然后再丢回去。没有事先约定,没有临时交谈,一批精美的作品便出来了。张张都是神完气足,浑然一体,看不出有任何拼凑的痕迹。让人领教了什么叫"心有灵犀一点通",什么叫"信手拈来""挥洒自如"。

第四节

结缘白石

　　启功先生书画俱佳，是世人都知道的事情，但许多人并不知道，在启功少年学画的时候，他曾经还做过齐白石老人的学生。

　　齐白石是中国画泰斗级的人物，早年曾当过木匠，后以卖画为生，五十七岁后定居北京。曾任中央美术学院名誉教授、中国美术家协会主席等职。不仅在中国画坛声名显赫，齐白石还是蜚声海外的"东方奇才"，齐白石的徒弟王雪涛，去法国见到了毕加索，并邀请毕加索到中国来。不想，毕加索却说不敢去，因为他在中国怕一个人，怕的就是齐白石。毕加索对白石老人评价很高，他认为，最高的艺术在东方，中国能有齐白石这样伟大的画家，学画就不用非到法国去。

毕加索评论道："齐白石真是中国了不起的一位画家！中国画师多神奇呀！齐白石用水墨画的鱼儿没有上色，却使人看到长河与游鱼。"

齐白石主张艺术"妙在似与不似之间"，衰年变法，形成独特的大写意国画风格，开红花墨叶一派，尤以瓜果菜蔬、花鸟虫鱼为工绝，兼及人物、山水，名重一时，与吴昌硕共享"南吴北齐"之誉。齐白石来自民间底层，其纯朴的民间艺术风格与传统的文人画风相融合，达到了中国现代花鸟画最高峰。其篆刻篆法一变再变，印风雄奇恣肆，为近现代印风嬗变期代表人物。其书法尤以篆书、行书见长。诗不求工，无意唐宋，师法自然，书写性灵，别具一格。其画、印、书、诗人称四绝。

启功结识齐白石，是在1930年。启功有个远房四叔祖毓逖，经营棺材铺生意。他曾给齐白石做过一口上等的好棺材，就这样认识了白石老人，与齐白石有些交往。这位远房叔祖喜欢齐白石的画，并且看到齐白石那路的画很好卖，能赚钱，就介绍启功到齐白石那里学画。启功去学画，主要目的倒不是为了画出来的画好卖，他本人更喜欢规规矩矩的画法。当时的齐白石在北京已经颇有些名气，收了很多徒弟。启功去白石老人处学画，只有十八岁，比齐白石小近五十岁。虽然年龄悬殊，齐白石老人倒

齐白石

启功题诗画《墨荷》

是很喜欢启功其人，有时好久没去，齐白石会向旁的人问："那个小孩怎么好久不来了？"启功很感动，称"由于齐先生这一句殷勤的垂问，也使得我永远不能不称他老先生是我的一位老师"。

齐白石见过启功的篆刻作品，夸奖他深得篆刻艺术的精髓，如此年轻却有这般功力，不简单。他曾送过启功两件珍贵的礼物，一件是油竹纸描的《芥子园画谱》，一件是用油竹纸描的《二金蝶印谱》，希望启功能将自己的篆刻技艺继续发扬光大。后来，齐白石又送给他一册影印手写的《借山吟馆诗草》，有樊山先生题签，还有樊氏手写的序。齐白石说："我的画，樊山说像金冬心，还劝我也学冬心的字，这册即是我学冬心字体所写的。"

齐白石有一次用炭条画一渔翁手提竹篮，肩荷钓竿，身披蓑衣，头戴箬笠，赤着脚站立的稿本。画面上的人物小腿到脚趾部分，只画了一条长勾短股的九十度的线条，又和这条线平行着另画一个勾股。然后问启功："你知道什么是大家，什么是名家吗？"启功回答："不知道。"齐白石说："大家画，画脚不画踝

启功绘画作品《晴岚叠翠图》

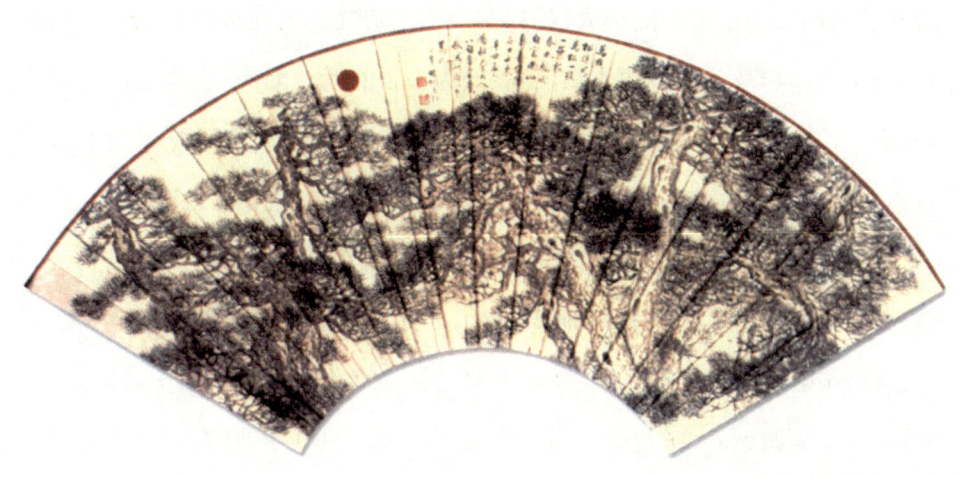

启功绘画作品《万松图》

骨;名家就要画出骨形了。"说完,在这两道平行的勾股线勾的一端画上四个小短笔,果然是五个脚趾头的一只脚。还有一次谈到画山水,齐白石说:"山水只有大涤子(即石涛)画得好。"好在哪里呢?齐白石又说:"树干、树枝一定都要直,你看大涤子的树画得多直。"为什么要"都"直呢?这句话启功到后来也没搞明白,因为他看齐白石和石涛画的树干也并不都是直的。很多年以后,有人拿着画,来找启功先生鉴定是不是石涛的真迹。启功看了一眼,半开玩笑地说道:"这是赝品,因为这画上面的树干不直。"

白石老人教学生画画,很多时候是边画边教,有时干脆就不说话。学会学不会,全看学生的悟性。有一次见到齐白石画他最擅长的虾子,给启功留下了深刻的记忆。原来齐白石画虾有他的诀窍,当勾描虾的须子的时候,不是转动手腕四处用笔,而是把纸转向不同的方向,手却总是朝一个方向画。这样的方法,更容易掌握手的力量和感觉,才能画出细如毫发生机盎然的虾须。

除了齐白石的绘画,启功也非常喜欢齐白石的题诗。众所周知,齐白石老人出身匠人,并没有多么深厚的学术修养。但是,齐白石作品中浓厚的乡土气息,纯朴的农民意识和天真烂漫的童心,富有余味的诗意,才是齐白石艺术的内在生命。热烈明快的色彩,墨与色的强烈对比,浑朴稚拙的造型和笔法,工与写的极端合成,平正见奇的构成,处处都吸引了启功。启功最喜欢的是齐白石那些充满童趣和乡土气息的作品,他曾经为齐白石写过名为《齐萍翁画一妇人抱一小儿,儿执柏叶一枝,题首柏寿二字,又题云:"小乖乖,拜寿去。"》的诗,诗云:小乖乖,拜寿去。老乖乖,多妙趣。此是山翁得意处,我亦相随有奇句。启功访问香港时,还曾经为友人收藏的齐白石作品题写了八首诗,其中第二首云:牧童归去纸鸢低(山翁句),牛背长绳景最奇。处处农村皆入画,萍翁不断是乡思。

虽然跟随着齐白石老人学过画,但启功很少对人提起这段历史,即使日后齐白石被奉为画坛泰斗,他也不对外人随便说起。也许在他的心里,更为珍惜的是这段能随齐白石学习画画的机缘。

第三章

辅仁岁月

FURENSUIYUE

遇到陈垣，是启功的幸运。在辅仁大学的头几年，启功不仅跟随陈校长学习教书，还学习如何读书、如何做人，真可谓是收获满满、获益良多。

百年匠心

第一节

峰回路转

启功从汇文中学肄业后，急于找份工作养家，只是时局动荡，启功除了做几份家教，一直没有找到一份稳定的职业。此时的启功，再不想依靠别人的援助生活，他认为自己已经长大，可以靠自己的双手来负担起家庭，他也想早点让母亲和姑姑不再那么辛苦，可以过上几年舒心的日子。正在此时，一个机会降临了。启功二十一岁时，其曾祖门生傅增湘先生得知启功的窘况，很热心地为他寻找工作。

傅增湘是四川人，年轻时参加科举，殿试时启功曾祖是阅卷官之一，非常认可他的才华，给他的卷子画过圈，意思就是此卷优秀。结果，傅增湘于光绪二十四年如愿考中进士，初入翰林任编修，又升为直隶提学使。清政府倒台后，傅

辅仁大学附中旧景　　　　　傅增湘先生

增湘从政坛退隐,从事教育建设工作,并率风气之先,创办女子学校,培养了大批女子人才。北洋政府时,傅增湘因其教育成就名望颇高,受任教育总长,不久因不满当局干涉蔡元培在北大的改革而辞职。后又将精力转向筹办辅仁大学的前身"辅仁社",任辅仁大学董事会董事,对辅仁大学的建立有开创之功。因为这个缘故,傅增湘与当时的辅仁大学校长陈垣相知有素,他了解启功的治学功底,决计通过陈垣的关系,为启功介绍一份教职。

启功听到能够有机会认识陈垣,大喜过望。当时的辅仁大学,名动中华,是国内数一数二的著名高等学府,而校长陈垣,更是赫赫有名的大学问家和大教育家。启功压抑住激动的心情,在家里精挑细选了几篇自己作的文章和几幅国画作品,交给傅增湘,托他转交陈垣先生,算作是自荐的"敲门砖"。没几天,傅增湘回话,带来了启功期盼的消息:"援庵先生说你写作俱佳。他的印象不错,你可以去见他。"又叮嘱道:"无论能否得到工作的安排,你总要勤向陈先生请教,学到学问的门径,这比得到一个职业还重要,一生受用不尽的。"

傅增湘当时说的这句话,也许只是劝勉启功的客套话,而他的这句话,日后竟然真的成就了启功一生的事业。

约定的时间到了,启功穿得整整齐齐,毕恭毕敬去见陈校长。初次见面,年轻的启功有些紧张,甚至有些害怕,不知道眼前这位学术大师会怎么评价自己。

陈垣见了启功，倒是十分和蔼，完全没有一点架子，他微笑着开口道："你就是启功啊。我的叔叔陈简墀和你祖父是同年的翰林，这样算，咱们还是世交呢。"

一句话，说得本来十分紧张的启功放松下来，还产生了一种亲切感。启功忙不迭回答道："岂敢，岂敢，学生只是年轻后辈，还望陈校长多多指点、提携。"

陈垣说道："你托傅增湘先生转交的文章和绘画作品我看了，很好，很好啊！想不到你年纪轻轻，却有如此的学问和见识，殊为难得，不愧是教育世家的子弟。"

陈垣接下来又详细询问启功在教家馆的时候教的是什么，怎么教的。启功把教家馆的情况报告了一番，陈校长听了点点头，接着说道："你既有从事教育的志向，也具备传道授业解惑的本领，可以先去辅仁附中教一年级国文。你本人有什么意见吗？"

听到老校长认可了自己，并且安排了职位，启功别提多高兴了，他连忙回答没意见，一切听从校长安排。

启功临走时，陈校长又嘱咐启功说："辅仁附中的学生与家馆里的孩子不同，学校的教学宗旨也有区别，你一定要尽快适应工作。初中一年级的孩子，正是淘气的时候，也正是脑筋最活跃的时候，对他们一定要以鼓励夸奖为主，不可对他们有偏爱，更不可偏恶，尤其不可随意讥诮讽刺学生，要爱护他们的自尊心。遇到学生淘气、不听话，你自己不要发脾气，你发一次，即使有效，以后再有更坏的事发生，又怎么发更大的脾气？万一无效，你怎么收场？你还年轻，但在讲台上就是师表，你要用你的本事让学生佩服你。"

启功听了，心中只有感激，他万万没有想到，初次见面，这位学术大家会对自己这样关心，对工作又是如此的认真。也正是这次见面，开启了陈垣与启功几十年的师生情谊。

陈垣1880年出生于广东新会县棠下石头村，字援庵，别号圆庵居士。陈家在当地经营药材生意，家族历来重视子弟的教育。陈垣五岁随父亲迁居广州，自小在父亲指导下学习古文。陈垣兄弟三人，哥哥和弟弟均科举成功，唯独陈垣屡试不中，一直在广州教私塾。直到1901年才考取秀才。1907年，他在广州振德中学任教，业余时间为一些进步刊物撰稿，后担任《震旦日报》总编。

1913年，陈垣被广州新闻界选为众议院议员，定居北京，先后担任多项政府要职。1921年12月，陈垣任教育部次长，代理部务并兼任京师图书馆馆长。时间不长，由于反感当时各派军阀争权夺利，陈垣便辞去教育次长职务，专心治学。虽然没有家学渊源，但陈垣刻苦自学，加上天赋过人，他泛览群籍，经史子集无所不触，因而知识面愈广，求知欲愈强。在考据学、宗教史、元史和史论等方面著作等身，都取得了一定成绩，受到国内外学者的推崇。与陈寅恪并称为"史学二陈"，二陈又与吕思勉、钱穆并称为"史学四大家"。陈垣主要著述有《元西域人华化考》《校勘学释例》《史讳举例》及《通鉴胡注表微》等，另有《陈垣学术论文集》行世。他的许多著作成为史学领域的经典，有些被翻译为英文、日文在美国、德国、日本出版。毛泽东主席称他是"国宝"。他本人也极为重视教育事业，在大学和研究机构里，他为广大青年学者热心传授，给予他们深远的影响，造就了众多的史学人才。

启功遇到陈垣，并得到陈垣的赏识，是影响了启功一生的一件大事。启功在其自传中曾经说，陈垣先生对其有知遇之恩，是他一生的老师，深刻影响了他的治学和做人之道。启功甚至动情地写道，由于自己从小失去了父亲，从没有感受到父子亲情，而陈校长对他的指点、关心和帮助，已经超出了师生之谊的范畴。可以这样说，没有陈垣，就没有启功的辅仁执教经历，也就没有启功日后的学术成就。

第二节

恩师陈垣

启功进入辅仁附中教学后,得以近距离接触陈垣先生,并有机会跟随陈垣先生学习治学之道。在随后的几十年里,师生二人一直未曾远离。

陈垣自小好学,学无师承,只靠自学摸索,自辟蹊径。少时在私塾里读书,偶然看到张之洞的《书目答问》,开卷有道:"诸生好学者来问应读何书?书以何本为善?偏举既嫌挂漏,志趣学业亦各不同,因录此以告初学。"他读后高兴极了,即以为师,按目求索自己需要的书。后来买到《四库全书总目提要》,更视为良师益友。他的认真治学,可以说从《提要》开始。

二十三岁时,他读到清赵翼的《廿二史札记》,首卷识语有:"以此编多就正史纪、传、表、志中参互勘校,其有抵牾处,自见辄摘出以俟博雅君子订正焉。至古今风会之递变,政事之屡更,有关于治乱兴衰之故者,亦随所见附著之。"他认为前者是"史法",后者是"史事",于是把《札记》剪裁,分为"史法"和"史事"两部分,以便研究。这种分法,他在以后治史中时常应用。

陈垣研究宗教史,主要研究其兴衰及其与政治的关系,而不是研究其教义——宗教思想史。这是他与前人研究的不同之处。他用了多年的时间,积累大量的资料,掌握了丰富的元史知识,引用了两百种以上的图籍,具体而明确地阐明了元朝近百年间西域诸族人来华后吸收并传播了汉文化,留下了大量汉文写成的著述。

陈垣先生像

启功从陈垣身上学到的很重要的一点,即重视掌握资料和考据之学,这在他日后的文物鉴定和史学研究工作中起到了决定性作用。作为学者,陈垣欣赏乾嘉学者的考据成就。他特别钦佩钱大昕的精博。乾嘉学者重视掌握资料,用种种方法证明其正确,获得了确实的成就并超过前代,就在于他们善用考据知识。陈垣除了善于学习前人和自己的刻苦实践外,最重要的是他接触了近代科学知识,就是他青年时曾学西医,并特别重视解剖学。他的史学研究,不但注意掌握史料,运用清人考据学的方法予以处理,而且科学地加以解剖,然后作出判断和得出结论。

除了在学术上成就斐然,陈垣更是在做人上给启

陈垣先生故居

1947年5月，胡适到辅仁大学讲演后与教师合影。前排左起：周祖谟、柴德赓、陈垣、胡适　第二排左起：启功、余逊、张鸿翔、刘乃和

功树立了一个标杆。启功跟随陈垣时才二十来岁，正处在人格建立和世界观形成的关键时期。陈垣身上表现出的铮铮铁骨和文人的气节，深深影响了启功。1937年7月7日，日本在北平附近挑起卢沟桥事变，中国人民奋起抵抗，抗日战争全面爆发。不久，北京沦陷。陈垣身处危境，但坚决与敌伪斗争，以辅仁大学特殊背景，极力为国家保留一方教育净土，维持教学工作正常开展。他在讲坛上，宣讲抗清不仕的顾炎武的《日知录》，宣讲颂扬抗清英雄全祖望的著作，以此自励，并鼓励学生爱国报国。抗战期间，陈垣坚守教研岗位，写成《明季滇黔佛教考》《南宋初河北新道教考》《清初僧诤记》《中国佛教史籍论》等宗教史论文以及史学专著《通鉴胡注表微》。

　　1943年冬，他写信给西南一位学者，说道："至于史学，此间风气亦变。从前专重考证，服膺嘉定钱氏；事变后颇趋重实用，推尊昆山顾氏；近又进一步，颇提倡有意义之史学。故前两年讲《日知录》，今年讲《鲒埼亭集》，亦欲以正人心，端士习，不徒为精密之考证而已。此盖时势为之，此药不瞑眩，厥疾弗瘳也。"

1957年,他在《通鉴胡注表微》重印后记中叙述研究经过:"胡三省亲眼看到宋朝在异族的严重压迫下,政治还是那么腐败,又眼见宋朝覆亡,元朝的残酷统治,精神不断受到剧烈的打击,他要揭露宋朝招致灭亡的原因,斥责那些卖国投降的败类,申诉元朝横暴统治的难以容忍以及自己身受亡国惨痛的心情,因此,在《通鉴注》里,他充分表现了民族气节和爱国热情。""我写《胡注表微》的时候,正当敌人统治着北京;人民在极端黑暗中过活,汉奸更依阿苟容,助纣为虐。同人同学屡次遭受迫害,我自己更是时时受到威胁,精神异常痛苦,阅读《胡注》,体会了他当日的心情,慨叹彼此的遭遇,忍不住流泪,甚至痛哭。因此,决心对胡三省的生平、处境以及他为什么注《通鉴》和用什么方法来表达他自己的意志等,作全面的研究,用三年时间写成《通鉴胡注表微》二十篇。"这样"表"胡三省作注之"微",也正所以寓自己的心意。

平津战役爆发,他拒绝国民党当局要他撤离北京的要求。1949年1月,北京和平解放。陈垣写了《给胡适之一封公开信》,劝告胡适,应该幡然觉悟。其中说:"我也初步研究了辩证法唯物论和历史唯物论,使我对历史有了新的见解,确立今后治学的方法。我们的治学方法,本来很相近,研究的材料也很多有关系,所以我们时常一起研讨,你并

启功与恩师陈垣先生

且肯定了我们的旧治学方向和方法。但因为不与外面新社会接触,就很容易摆脱不开那反人民的立场。如今我不能再让这样的一个违反时代的思想所限制,这些旧的'科学的'治学方法,在立场上是有着它基本错误的,所以我们的方法,只是实证主义的。"

中华人民共和国成立后,陈垣在学术思想上有很大的飞跃。1950年他给武

汉大学一位朋友的信中说:"解放以后,得学毛泽东思想,始幡然悟前者之非,一切须从头学起。年力就衰,时感不及,为可恨耳。"在他的努力下,辅仁大学坚决与帝国主义进行斗争,使长期受到外国势力控制和影响的一所私立大学能够顺利地变成国立大学,并于1952年院系调整时,和北京师范大学合并成为一所新型大学,他仍任新校校长。陈垣的一生,都奉献给了学术、奉献给了国家的教育事业。

第三节

辅仁历史

　　启功所在的辅仁大学,有独特的历史。这所学校最早为直属罗马教廷教育部之天主教大学。辅仁大学的创立,延续了始于明末清初利玛窦与耶稣教会会士的学术传教传统,它的创始人为清朝皇族后裔英敛之与复旦大学创办人马相伯。1912 年,英、马二人以中国天主教领袖人物的身份,提倡在北京建立一座天主教大学。两人最初理想虽皆告失败,但仍不放弃,再接再厉,最终促成两人携手创立了北京公教大学。1927 年北洋政府准予试办,是为"私立北京辅仁大学"。1929 年呈请国民政府教育部正式立案。

　　1937 年 7 月 7 日卢沟桥事变爆发,日军攻占北平,华北各大院校一时风声鹤唳。北京大学、清华大学、南开大学等

原辅仁大学主楼　　　　　　　　辅仁大学后花园

学校早先南迁云南另组西南联合大学,未及迁校者只能坐待日军接管,名存实亡。辅仁大学出于罗马教廷与国际关系因素,是年夏季仍在战火之中正常招生。校方同时联络平津其他国际性教育团体,达成了在日占区内共同遵守三项原则的决定:(一)行政独立,(二)学术自由,(三)不悬伪旗,以示不屈。1943年秋,辅仁大学师生在日本侵略者的压迫威胁之下,仍继续依循中华民国国民政府之学制、校历与假期规定,同时积极扩充学系,以招收沦陷区失学青年入学。由于辅仁大学乃唯一不受日本人控制之大学,因此,在沦陷期,辅仁大学扮演了一个特殊的角色:那些留在北京继续工作又不愿从事伪职的学者,那些想在北京继续学习又不愿当亡国奴的青年,便纷纷投向辅仁大学,使它的力量陡然增强,在社会上的影响力也日益扩大,几年后,其名声甚至可与转移到后方的"西南联大"相媲美。

　　启功就是在这种背景下进入辅仁大学的,他的诗歌《金台》就是咏这时的情景的:金台闲客漫扶藜,岁岁莺花费品题。故苑人稀红寂寞,平芜春晚绿凄迷。觚棱委地鸦空噪,华表干云鹤不栖。最爱李公桥畔路,黄尘未到凤城西。

　　这首诗描绘了北平沦陷后城市景色之凋零,沦陷区"人气"之衰微,但好在辅仁大学所在地"黄尘未到",离开"乌云蔽日"的机关,来到这"黄尘未到"的清净之地,从事最喜欢的教学研究工作,启功心里自然有一种解放的、甚至扬眉吐气的感觉,心情也特别好。

1945年8月15日，日本宣布无条件投降，第二次世界大战结束。国民政府基于辅大师生于抗战期间忠贞爱国，孤立于敌占区仍不屈不挠的事实，除明令嘉奖外，乃破例追认北平沦陷时期的辅大学生之学籍，司铎书院学生同时获准并入辅大，辅大一时誉满京华。1949年2月1日北平和平解放，校长陈垣率领学生上街欢迎解放军入城。1952年因院系调整并入北京师范大学。原辅仁大学校址在现北京定阜大街（北京师范大学辅仁校区）及北京辅仁校友会。

在辅仁大学教大一国文时的启功

辅仁大学办学宗旨非常开明，提倡个性化教学。陈垣先生延聘学者任教，看重的是真本领、真水平，而不拘泥哪个党派属性、哪个大学出身、哪个宗教信仰。启功任职的时候，文学院请沈兼士任院长，国文系请尹石公任主任，接替他的是余嘉锡先生，历史系请张星任主任，教授有刘复、郭家声、朱师辙、于省吾、唐兰等先生，可谓人才济济。辅仁大学有一间面积很大的教员休息室，大家自发地在那里组织各种轻松自由的读书会和学术活动，可以称得上是真正的校内"学术沙龙"。大家都愿意到这里坐一坐，海阔天空地聊一聊，来的又都是各专业的专家，无拘无束，没有一定的话题，没有固定的程序，大家就最近所看的书，所发现的问题，随便借一个话题就发表一些见解，各说各的，用不着长篇大论，三言两语，点到为止，反而更显

余嘉锡先生

陈垣与部分教师在北京图书馆前

真知灼见。即使有时有不同意见,谁也不用服从谁,平等交谈,说完即止。有的话题大家都感兴趣,也许会持续说好几天,有的人会回家查查资料,第二天继续说。有的话题是本专业的,发表意见的机会可能较多;有的是非本专业的,听起来更觉新鲜,也会有很多收获。有时,教员休息室也会组织书画展览,老师们会把自己的书画作品陈列在这里供大家观摩。启功在这种环境中,开阔了眼界,同时学习到许多新知识。

第四节

三进辅仁

在陈垣的安排下,启功来到辅仁附中,教授一年级的国文课。谋到这个职位,启功十分珍惜,他按陈校长的嘱咐,努力上好每一节课。启功认真备课,上课的时候语言生动、风趣幽默。几十年后,仍有学生记得当时那个个头不高、眯眯眼的启功老师,称赞他的课生动有趣,引人入胜,使他们对古今中外的文学产生了浓厚的兴趣。应该说,启功在辅仁附中的教学效果很好,得到了学生们的认可和欢迎。但一年多后,启功因为学历问题,被分管附中的辅仁大学教育学院的张院长刷掉。他辞退启功的理由是:一个连中学毕业证都没有的人如何教辅仁附中的学生,这与制度不合,也容易引起其他老师非议。有没有其他老师非议不知道,但启功确实没

启功在美术系任教时的照片

辅仁大学美术系教学楼

有中学毕业证,他只是从汇文中学肄业而已。这个理由启功无从反驳,只好结束了辅仁中学的教职,一进辅仁就这样结束了,这对启功不能不说是一个沉重的打击。

陈垣校长深知文凭固然重要,但实际本领更重要。他见过启功的绘画作品,知道启功善于绘画,拜过多名名师,有丰富的绘画知识,他认定启功的才学足以能够承担起教学,虽然国文课教不成,可以去教授美术。于是又出面安排启功到美术系去任教。

以启功当时的绘画功力,从贾羲民、吴镜汀、溥心畬、溥雪斋、齐白石先生那儿学到的东西,做个美术系的助教绰绰有余,实践也证明启功可以胜任,很多当时美术系的学生毕业后还与启功保持了长期的联系,经常上门请教。但不幸的是,那位早前辞退启功的张院长,一年多后,再次以资历不够为理由把启功辞退了。就这样,启功又不得不暂时离开辅仁,结束了二进辅仁的经历。

到了 1937 年,卢沟桥事变爆发,日本帝国主义迅速占领了北平。北平人民遭受了空前的灾难,物价飞涨,通货膨胀,老百姓的日子过得很艰难。失业在家的启功,生活上遇到了非常大的困难,他不得不重拾旧业,临时去教一两家家馆,再靠写字画画卖些钱,勉强维持生活。1938 年 3 月,启功的八叔祖出于好心,想帮启功找个工作。他本人在日本人控制的市政府下做小职员，连哄带骗让启功去政府当职员。启功当然知道这意味着什么，他宁愿饿死，也不能这么不明不白去做伪职。但当时正赶上"王克敏被刺事件"，日本人满城搜捕嫌犯，形势非常紧张。启功的母亲和姑姑看到这种混乱的局势，吓得方寸大乱，劝启功说："别惹事了，还是去吧，看看再说。不行过段时间咱再回家不干了，先过了这个坎吧。"就这样，启功身不由己去做了个助理员，一个月能挣30元，勉强养家糊口。

启功心神不宁地一直干到夏天。有一天，陈垣校长突然找到启功，一见面就问道："你现在有事做没有？"

启功听校长这样说，心里想是不是有什么工作找他，顾不上什么面子了，马上回答："没有。"

"那就好，你回辅仁接着教学吧。"校长很高兴。

启功比陈垣更高兴，他没想到好消息来得如此突然，简直就是绝处逢生："真的？太好了，我回辅仁教什么呢？"

校长笑着说："你最擅长的国文，这回跟我回去，教大一国文吧。"

启功听了后，几乎高兴疯了。他本就痛恨日本人，不愿干伪职，只是迫于生计和叔祖的好意，更何况这回是到大学任教，这不是快淹死的人抓住救命稻草了吗？启功激动地把这个消息告诉母亲，娘儿俩高兴得笑不是，哭不是，一个劲儿地谢天谢地。第二天一大早，启功跑到秘书厅，理直气壮对负责人说："我现在身体不好，老咳嗽，昨天我去看病，医生说我是肺病，我只能辞职了。"说完，也不管对方信不信，径直走了。

1938年9月，启功第三次回到辅仁，独自担任大一一个班的国文老师。从那以后的66年里，启功一直没有离开这所校园。回到辅仁大学，启功精神上得到莫大满足，对未来的工作充满了憧憬，这一次，他好像鱼儿回到了水中，终于可以一边将自己的知识传授给年轻学子，一边继续自己的学术和艺术研究。

回辅仁后，校长在开学之前找到启功，告诫他："教大学生，和教中学生不

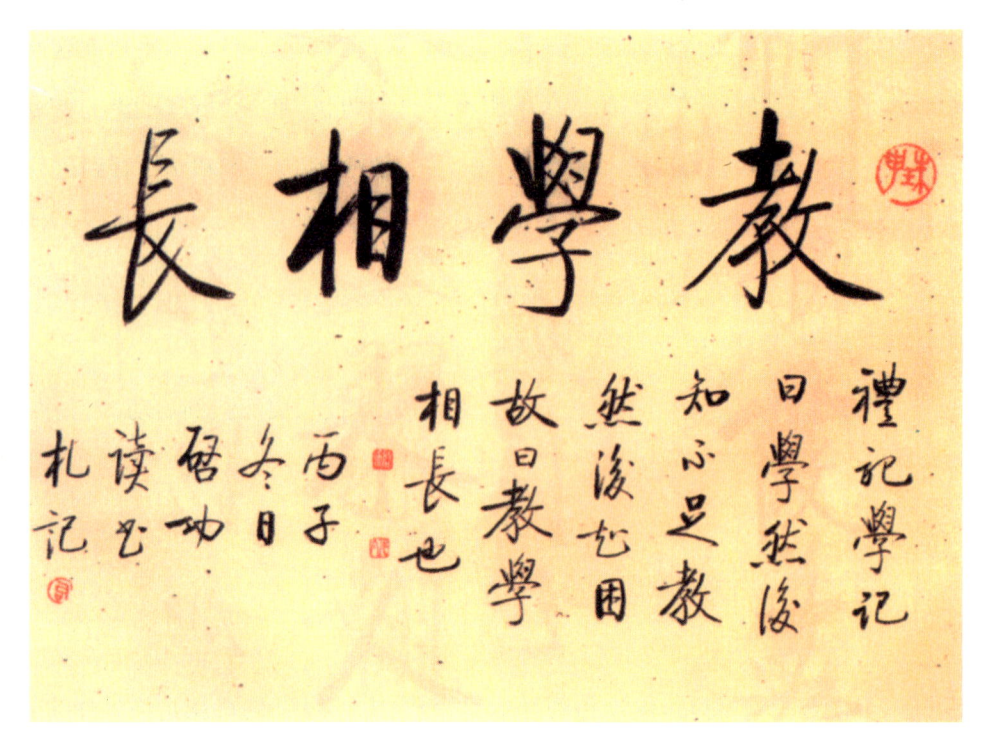

启功书法作品

同。大学生知识多,胆子大,思维活跃,他们会在课堂上提出很多问题。你上课前,需认真备课,把有关的内容都预备到,要设想到学生会提出什么问题,免得到时被动。上课时,要善于营造课堂气氛,不要老站在讲台上讲,要适当地到学生座位中间走一走,一方面可以知道学生们在干什么,有没有偷懒、睡觉、看小说的,顺便看看自己板书的效果好不好,学生记下了没有,没有记下的就可顺便指点一下他们。下课后,见了学生也要积极沟通,根据各人学习情况,给他们指出需要在课余加强的部分,给他们推荐一些必读书单。"

一番话,说得启功只有点头的份儿。此时的启功也才二十四岁,教大学的学生,又是独自担任一个班的国文,他的心里还真是没底。

陈校长又接着给启功传授经验:"大学学习国文,更注重的是学生实际能力的提高,要多让学生写作,所以上好作文课是非常重要的,批改作文一定要恰到好处,少了,他们不会有真正的收获,多了,就成了你给他们重作,最好的办法是面批,直接告诉他们优缺点在哪里,他们要有疑问,可以当面讲解,这样效果最好。要把发现的问题随时记在教课笔记上,以便以后随时举例,解决一些普遍性的问题。"

最后,陈垣鼓励启功,给他打气:"你一定行的,以你的知识功底,完全可以胜任这份工作。不要因为自己年轻,就产生害怕的情绪,平时多和你的学生交流,与之打成一片。课上、课下创造一个平等和谐的环境,让学生们觉得你平易近人、可亲可敬。时间长了,你的权威自然就树立起来了。"

第五节

循循善诱

遇到陈垣,是启功的幸运。在辅仁大学的头几年,启功不仅跟随陈校长学习教书,还学习如何读书、如何做人,真可谓是收获满满,获益良多。

陈垣读书,有个"三分类"的方法。根据书的内容和用途,把要读的书分成了三类:即一般浏览、仔细浏览和熟读记诵。有的一两天就翻过去了,有的要读上个把星期,有的则需翻来覆去地背诵。这种"三分类"法,使陈垣读书避免了"一刀切"、平均投入精力的弊端。他读的书比一般人多,精读的书比一般人深。直到老年,一些历代的名篇他仍然能够背诵出来,九十岁时,还能把骆宾王的《讨武曌檄》从头到尾背得一字不差。

陈垣做学问，非常严谨，这是他年轻时就养成的习惯。他强调史料的严肃性，在治学中搜集和使用史料时，一定要保证真实可靠，来不得半点马虎，一定要使用第一手材料。由于他读书多，记得牢，许多基本史料，他不用翻检原文即能引用，给治学和研究工作带来了很大的方便。

陈垣先生

陈垣的客厅、书房以及住室内总挂些名人字画，最多的是清代学者的字，有时也挂些古代学者字迹的拓片。客厅案头或沙发前的小桌上，也总有些字画卷册或书籍。这些都是宾主谈话的资料，也是陈垣对后学的教材。他曾用三十元买了一幅章学诚的字，字写得十分拙劣，他只是聊备一格挂在客厅里，如果启功和其他门生去了，他会指着它问："这个人你知道吗？"如果知道，而且能说出一些相关的问题，他必定大为高兴，连带地讲出更多的内容，特别是一些鲜为人知的细节、趣闻，全是即兴讲解，而且十分生动，如果整理出来就是一篇很有意思的学术札记。

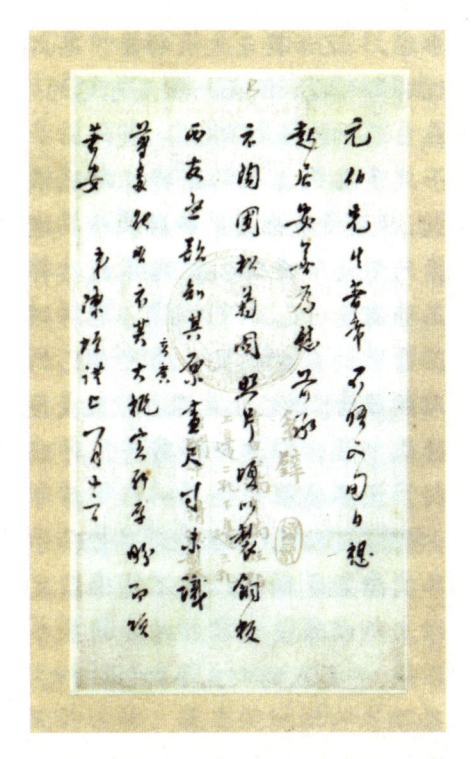

陈垣善行书，字体飘逸潇洒，俊秀精美，一气呵成，疏朗有致。启功形容："一

陈垣先生给启功的信

笔似米芾又似董其昌的小行书，永远那么匀称，绝不潦草。"每下笔时，都提防着别人收藏装裱似的，中规中矩。在名人字画上题跋，看上去行云流水，潇洒自然。其实都是精打细算过的，行款位置，都安排恰当合适才肯下笔。陈垣写信，喜用花笺，给人写扇面，好写自己作的小条笔记、小考证。先数好扇骨行格，再算好文辞字数，哪行长，哪行短，写到最后，不多不少，加上年月款识、印章，天衣无缝。如此，小小的扇面，都成为可观赏可收藏的精品。这些，都为启功研习书法树立了极好的标杆和榜样。

陈垣在实际教学中，也给启功作出表率。陈垣当时也兼任国文教师，带一个班的国文。启功常去听陈校长的课，学习他为什么要选某篇作品，教授它的重点、难点、要求是什么。在校长的课堂上，启功不但为校长的精彩讲解和渊博的学识所折服，也学到了很多教学经验。比如，校长板书时每竖行只写四个字，启功觉得奇怪，就问为什么，校长让启功去教室最后一排再看看。原来，每行写四字，最后一排学生恰巧能看清、看完整，再多写一个字，就被讲台挡住，要想看清楚，只能站起来看。陈垣教书，其用心细致，可见一斑。

除了启功到陈垣课堂上现场取经外，陈垣也经常到启功的课上现场传授。每次听完课，都要指点启功一下，指点时照例以鼓励夸奖为主，一如他要求教师对学生的态度那样。如果有问题，陈垣也很注重说话的语气，总是用商量的口吻，而且总是提一个头，不再多说，剩下的让启功自己思考。陈垣非常注重教学的灵活性、生动性，鼓励启功开展多种形式的教学，以调动学生的学习热情，帮助学生提出有针对性的问题。启功对这些指点，都十分认可，利用一切机会如饥似渴学习吸收。他遵从陈垣的嘱咐，要增强学生的实际写作能力，他对学生的作文课抓得非常严。由于当时陈垣规定，各个班的作文要定期张贴在橱窗内，供大家参观评论。每到展出时，启功格外用心，批改学生作文时，总是提起十二分的精神，拿出十二分的用心，不管是天头的顶批，还是最后的总批，每处都兢兢业业地写，就是为了不落于人后。这种历练，大大地促进了启功的书艺，

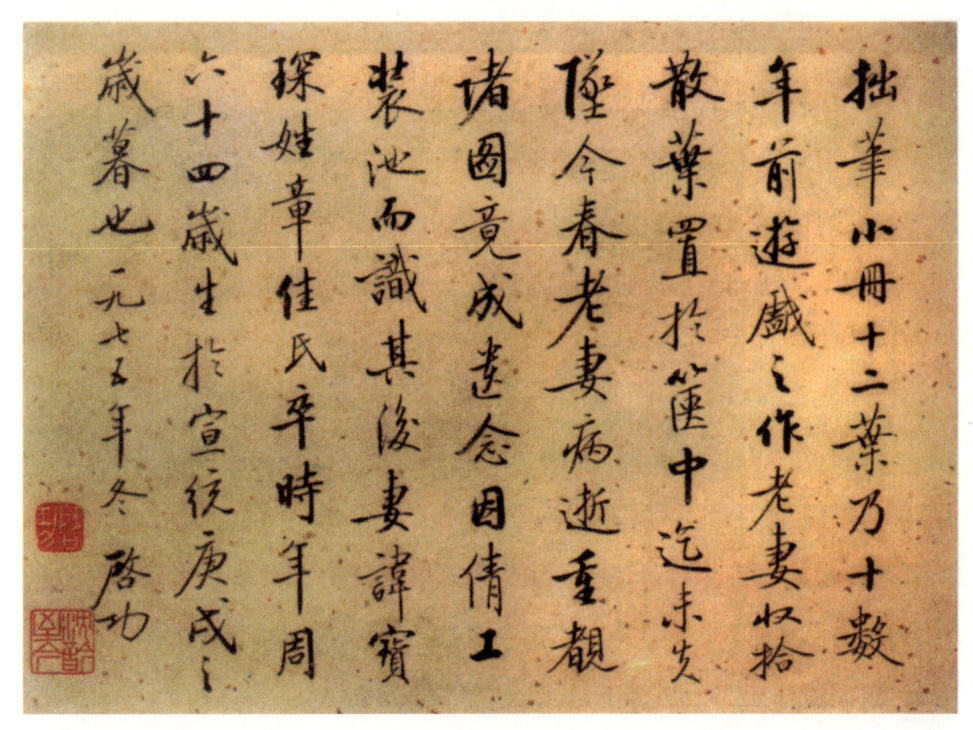

启功书法作品

特别是小楷。正是从这时起，启功长年坚持书法练习，不敢马虎，每个字都要写得规规矩矩。这种每日认真写字的习惯，一直保持到他八十多岁时。

在启功心里，陈垣不光是学术上的老师，更是人生中的导师。日本投降后，曾经在辅仁大学当教授的英千里出任北平市某一局局长，他看中启功的才华，劝说启功去局里帮他做事，可以当一个科长。启功当时有点动心，因为当科长的薪水比当教师的薪水高太多了。犹豫之下，启功便去请教老师。

老师听完启功的来意，先问："你母亲愿意不愿意？"

启功说："她不太懂的，让我请教老师。"

老师又问："你自己愿意不愿意呢？"

启功说："我打小就不喜欢当官，只是觉得到那里能多赚些。"

老师听了，哈哈大笑道："既然你说自己不愿意当官，我可以直接告诉你，学校送给你的是聘书，你是教师，是宾客；政府发给你的是委任状，你是属员，是官吏。你想想看,哪个更自由,哪个更有尊严,你适合干哪个?"

启功听了老师的话,恍然大悟,明白了老师的一番苦心:老师是了解他的,知道他平生最喜欢研究学问,受不了别人和制度的约束。启功回到家,写了一封婉转的信函,表达对英千里的感谢,只是因为个人原因,恕难从命,不能就职。

过了许多年,当启功功成名就,成为国家的"国宝级"专家后,他回忆道:"这件事情,在自己的人生道路上,我作出了一次重要的正确的选择,对我来说,这是无价之宝,而帮我指点迷津的恰是陈老师。他指导我怎样正确衡量自己,认识自己,怎样摆正自己的社会位置,选好自己的人生舞台。现在想起来,如果我当时从了政,即使干得再好,再顺利,至多使社会上多一个可多可少的官员而已,而我的专长和才华就不能得以发挥,那也就没有日后的启功了。所以陈校长不但是我的业务导师,更是我的人生导师。"

启功还深情写道:"回想我这一生,解放前有人不屑我这个资历不够的中学生,眼里根本不夹我地把我刷来刷去;解放后又有人鄙视我这个出身不好的封建余孽,舍你其谁地把我批来批去,各路英雄都可以在我面前耀武扬威一番,以示他们强者的伟大与'左派'的先进,但老校长却保护了我,每当我遭受风雨的时候,是他老人家为我撑起一片遮风避雨的伞盖,每当我遭受抛弃时,是他老人家为我张开宽厚的翅膀,让我得到温暖与安顿,而且他好像特别愿意庇护我这只弱小的孤燕,倾尽全力地保护我不受外来的欺凌,就像'护犊子'那样护着我。我自幼丧父,我渴望有人能像父亲那样关怀我,我可以从他那里得到不同于母爱的另一种爱,有了它,我就能感到踏实,增强力量,充满信心,明确方向。现在老校长把老师的职责与父亲的关怀都担在了身上,这种恩情是无法回报的。我启功别说今生今世报答不了他的恩情,就是有来生、有下辈子,我也报答不完他老人家的恩情。"

第四章

成家立业

CHENGJIALIYE

只是一次短短的会面,两位命运相似、境遇相同的年轻人,在父母家长的介绍下,就这样相识相爱。她爱他风趣幽默才华横溢,他爱她性格温柔娴静懂事,随着彼此认识的加深,启功和章宝琛的心也越走越近。

第一节

父母之命

1931年底,临近春节,北平城渐渐开始有了浓厚的年味。这一天,启功的母亲叫住打算出门的启功,说起给他提亲的话题。女方家也是满人,属"章佳氏"。按老辈传统,启功必须得在旗人内部论亲。

启功听了,想也没想就说:"妈,我现在这样,还考虑不到提亲的事吧。"

"你现在怎么样了?男大当婚,女大当嫁,你可不小了。"母亲问他。

启功半开玩笑对母亲说道:"你看我现在连个正式差事都没有,娶了媳妇让人家喝西北风啊?"

"你这孩子,没差事就不成家?人家不嫌咱穷。"母亲嗔

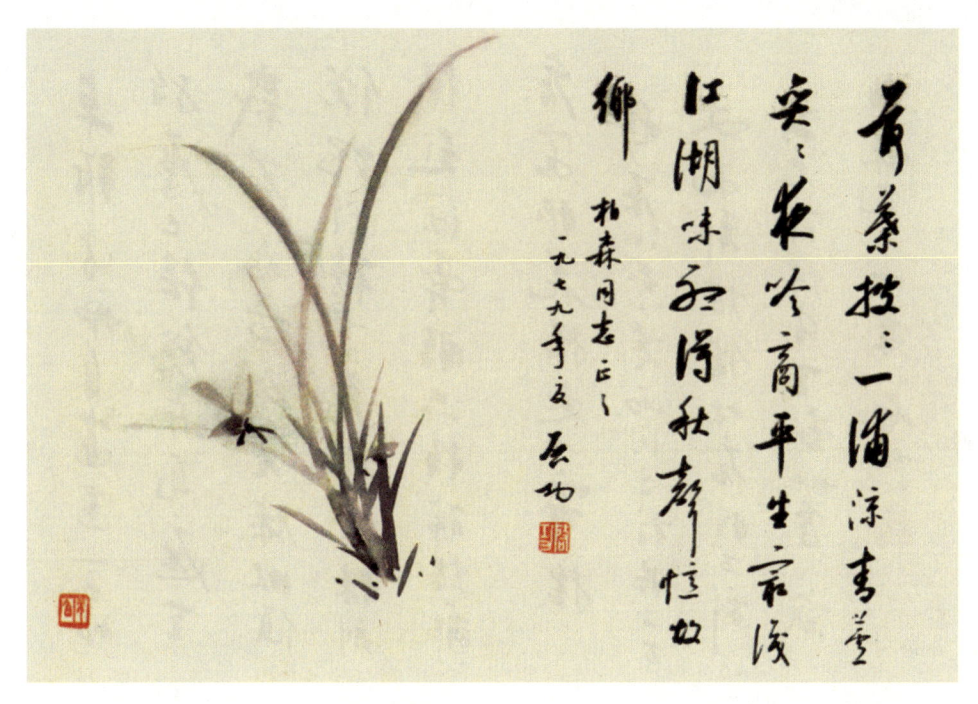

启功作品《兰草册页》(上)

怪道。

看见启功不情愿的样子,母亲接着说:"你父亲死得早,妈守着你苦啊。你早点结了婚,身边有个人,我也就放心啦。再说,你日后寻个差事,不在家,你媳妇也能帮帮我和你姑姑。"

听见母亲这样说,启功是个孝顺儿子,母命难违,他只好对母亲说:"行啊,妈,我听您的,只要妈满意这门亲事就行啦!"

说过此事,启功就转身忙别的事了。母亲见启功答应,心中欢喜,连忙去将此事告诉启功的姑姑。满人婚配人选本就范围不大,加上启功又是家里的独苗,母亲和姑姑物色了很久,慎重考虑后,才为启功选定了这位章姑娘。姑姑听了,也非常高兴,心里的一块石头总算落了地。姐妹俩感叹,可算是盼着孩子长大了,这么多年含辛茹苦、风风雨雨互相帮扶着,如今也到了启功成家立业的时候了。

转眼到了第二年三月,正是启功家祭祖的日子。母亲利用这个机会,请未来的儿媳妇来家里,一是家里没人手,让姑娘来帮帮忙,二来也是想让启功见

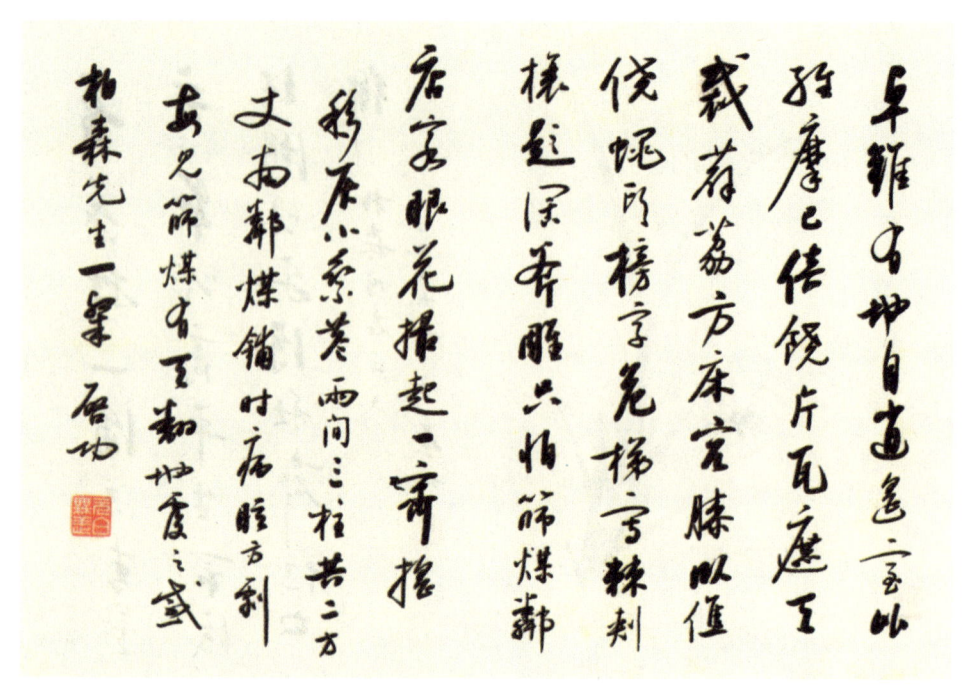

启功作品《兰草册页》（下）

见。早春的天气乍暖还寒，当天正好是个阴雨天，下着毛毛细雨。启功听了母亲的嘱咐，早早去胡同口迎接，没一会儿，一个身材娇小的女子撑着一把花伞，正袅袅娜娜地走来。透过朦胧的雾气，远远看见，真像剪纸里的人儿。启功心里猜，大概这位就是母亲给他定的那个姑娘了。

姑娘来到眼前，启功连忙迎上去，恭恭敬敬轻轻问道："姑娘您好，您是章宝琛吧？"

对方把雨伞打得高了点，露出了整个面容，轻声轻语回答："我是，您是谁？"

启功这下可看清楚了，姑娘长得白白净净，明眸皓齿，五官周正，身上穿得清清爽爽，透着一股子利索劲儿。不知为何，启功的心突然怦怦直跳，平素伶牙俐齿的他竟然有些口吃起来："我，我是启功。我妈让我出来接您一下。今天，少不了麻烦您。"

姑娘听见是启功,知道是自己的真命天子站在面前,不由得羞涩起来,低下头说道:"您可别客气,这都是我应该做的。"

这第一次的见面,双方都给彼此留下了良好的印象。启功喜欢姑娘的细心和勤奋,姑娘也对启功幽默文雅的谈吐一见倾心。忙活的时候,启功母亲看着一对年轻人在一起互相帮助,又看见启功表现出的满意,心里也是美滋滋的。章姑娘身世颇为坎坷,她的亲生母亲在她很小的时候去世了,父亲续弦,后母待她很刻薄,经常像使唤奴婢似的使唤她。章宝琛小小年纪就尝尽了生活的各种艰辛,每当受了委屈,连个能说话的人都没有。幸好,章宝琛还有一个胞弟,姐弟俩相依为命、互相鼓励。章宝琛所经历的这些苦难,让她对人间真情有了更深切的认知和渴望,她也一直盼望着自己早点长大,好离开那个让她伤心的家庭。

爱情有轰轰烈烈,也有简简单单。只是一次短短的会面,两位命运相似、境遇相同的年轻人,在父母家长的介绍下,就这样相识相爱。她爱他风趣幽默才华横溢,他爱她性格温柔娴静懂事,随着彼此认识的加深,启功和章宝琛的心也越走越近。

第二节

相濡以沫

　　1932年的秋天,启功和章宝琛举行了简朴的婚礼。章宝琛没带来什么值钱的嫁妆,却是把自己的弟弟也带来了。她不放心让自己年幼的弟弟独自留在那个家里。启功家里理解,什么话都没说就同意了。新婚宴尔,因为章宝琛长他两岁,启功便称她"姐姐"。新娘子浅浅地笑着,羞涩地低下了头,默认了这个爱称。虽说两人没有怎么恋爱就结婚了,谈不上有感情基础,但是渐渐地,启功越来越喜欢这位话不多、文化程度不高的妻子。章宝琛操持家务,侍候婆婆、姑姑,把一切打理得井井有条。小院里多了两口人,也多了许多的温馨和笑声。启功的家很小,朋友却极多,他们时常来家里聚会,大家围坐在炕上,一侃就到大半夜。每到这时,章

启功与母亲、姑姑、妻子合影

宝琛始终站在炕前端茶倒水,整晚不发一言。最可贵的是,章宝琛善良、贤惠,具有中国妇女的传统美德,遵守家族的规矩,从不多言多语也从不乱发脾气。启功有时发脾气,她也从不言语一声,就是默默听着。

启功结婚的时候,经济状况很差。他当时连一份正经工作都没有,靠教家馆度日。后来去了辅仁附中,也是几入几出,几乎处于半失业状态。启功外出挣钱,章宝琛就在家里操持家务,有点好吃的,一定要留给婆婆和启功的姑姑。母亲和姑姑上了年纪,总有些大家庭里老辈人的威严,有时难免对她苛刻一点。她遇见婆婆发脾气,自己再委屈,也从来不顶一句嘴,不说一句埋怨的话。心里实在受不住,一个人躲在角落里掉几滴泪,出来该干家务还是照样干,还是把两位老人伺候得舒舒服服。启功有时在外面碰上不顺心的事,回家来也常发几句牢骚,感叹一下世风,每当这个时候,章宝琛总是走过来,为他脱衣服、倒茶水,温存软语安慰他。她就像这个家庭的润滑剂,方方面面维护着,既不让丈夫操心,也不让老人生气。

有一次,启功回家,看见妻子独自躲在小屋里啜泣,问她原因,她就是不说。启功猜测，必定是在老人那儿受了委屈。他想想这几年妻子做的贡献，心里也非常愧疚。启功去辅仁教书后，主要的精力都放在了工作上，很少管家里的事情，和妻子的沟通交流也很少。那个时代的夫妻普遍如此，但启功感到后悔，觉得亏欠妻子太多了。

贫贱夫妻百事哀。这句话在章宝琛身上，不灵验。家里没有丝毫的积蓄，几口人的衣食住行，两位老人吃药看病，全部依赖启功那不稳定的收入，生活的艰难可想而知。章宝琛理解丈夫的苦衷，从不埋怨。她自己就是苦孩子出身，不怕吃苦，反而觉得能有一个自己的家，已经很满足了。平日的柴米油盐，样样精打细算，家里的大小事务，总是要自己动手。章宝琛心灵手巧，能自己缝制的衣服一定不拿出去花钱请人做，家里人的四季衣服、铺的盖的，都是她一针一线亲手做的，为的是尽量节省一些钱。可是启功买书、买字画的时候，她却大方得很。北平沦陷后，物价飞涨，日子更是艰难。启功当时在社会上已经小有名气，但他碍于文人的面子，不愿意出去作画卖钱。章宝琛看出启功的心思，对丈夫说："你只管在家画，我上街拿出去卖。"她不怕别人的议论，抛头露面出去卖画，常常是一大早出去，太阳下山才回来。有一个初冬的傍晚，突然天降大雪，没一会儿路面就白茫茫一片。启功不放心妻子，打着伞去街上接她。远远看见妻子坐在小马扎上，手揣在袖筒里，娇小瘦弱的身上落满了雪花。启功鼻子一酸，泪水顿时夺眶而出。章宝琛看见启功，反而挥舞着双手，兴奋地对丈夫说："今儿卖得不错，只剩下两幅画了。"

结婚七年后，夫妻俩闹出了一档子事，章宝琛不辞而别，回娘家了。事情的起因是结婚后他们始终没有孩子。启功是独生子，婆婆整天盼着抱孙子，章宝琛因此事深感自责。为了延续丈夫家的血脉，没有和任何人商量，章宝琛决定离开丈夫，让他能够再娶妻生子。她简单收拾了点行李，留了张字条悄然离去。启功看着妻子留下的被泪水打湿的字条，再一次感受到了这个女人身上那种伟大的善良。他三登岳父家门，反复解释，最后好不容易才把妻子请回来。

1957年，启功的母亲和姑姑相继病倒、去世。这期间，完全是章宝琛独自照顾两位老人，看病抓药、端屎端尿，忙得白天黑夜连轴转。一年下来，她整个人瘦了一圈，人也变得憔悴虚弱。启功母亲弥留之际，曾经拉着章宝琛的手深情地说："我只有一个儿子，没有女儿，你就跟我的亲闺女一样。"二老的丧事都办完后，启功再也无法抑制自己的感激之情，非把妻子按坐在椅子上，双膝跪地，恭恭敬敬叫了声"姐姐"，给她磕了一个头。

　　启功对妻子如此举动，是感激她的付出与牺牲，他深知，世上唯有这个女人，能如此对待他，爱护他，为他做这一切。

第三节

永失挚爱

　　章宝琛没上过什么学,只认识些简单的字,虽然文化程度不高,但她的见识可不低。她自己不懂字画,也看不懂那些古书,但她全力支持丈夫读书写字,从不觉得那些是费钱费时间的不务正业。她本人也非常正派,看不惯社会上那些乌七八糟的人和事。

　　1938年,北平城的日伪政权扩充教育局,辅仁大学的一个同事拉启功去那里工作,遭到启功的严词拒绝。这人不死心,来到启功家,想通过启功夫人去劝说。章宝琛先是客客气气接待此人,当得知此人来意,脸色一变,一口回绝:"我们就是饿死,也不给日本人做事!您还是赶紧走吧!"启功回家后,知道了此事,连连感叹:"知我者,宝琛也!"1957年,因为成分问题，启功被划成"右派"分子。启功心里想不通，自己谨小慎微，一心扑在工作上，没做什么错事啊，至于封建家庭出身，那不是他本人能决定的事情，凭什么因此就给他扣一个"右派"的大帽子。

回到家，章宝琛听启功讲完，鼓励安慰他："'右派'就'右派'吧，咱没干什么亏心事，不怕鬼敲门。"

启功痛苦地说："戴上这个帽子，在学校里都不敢再说话了，也没法教书了。"

章宝琛宽慰他："不让你说话才好呢，你在家写书吧，搞你的那些学问，留得青山在，不怕没柴烧，现在没人给你出版，总会有拨云见日的一天。"

启功听妻子没有一句抱怨，反而安慰他，心里感到一阵温暖，思想上也轻松了许多。

1966年，"文化大革命"爆发，启功被迫再次离开讲台，一切公开的读书、写作活动也被迫停止。在当时的形势下，所有与艺术有关的东西都在破除之列，字画、书籍、古玩，一般人唯恐避之不及，能烧的烧，能毁的毁。那个时候，人人自危，夫妻反目、互相揭发的也不是没有。章宝琛看到形势一天紧似一天，为了丈夫的安全，她冒着风险，偷偷地把启功多年来收藏的书籍、古画和文稿用纸包好，包了一层又一层，打上捆，放在一个缸里，偷偷在后院墙角挖了一个洞，神不知鬼不觉地深深地埋起来。这事谁也不知道，就连启功她也没告诉。一直到她自己病危的时候，才把此事和埋藏的地点告诉了启功。启功一听，吃惊不小，事后到后院挖出来一看，那些凝聚着多年心血的字画和文稿用一层又一层的纸包裹着，一张也没少！

启功受迫害和排挤期间，章宝琛默默陪着启功，一起熬过那段艰苦岁月。当时的启功已经靠边站了，学校去不了，就在家里专心研究，撰写文章。章宝琛天天坐在门口给他望风，她手里拿个针线活，一边缝缝补补，一边充当丈夫的警卫，每当红卫兵来家"破四旧"，她就赶紧咳嗽一声，启功听到后就马上把纸

启功书法作品《墨磨楼》

和笔藏起来。北京的盛夏酷热逼人,那时启功家里没有电风扇,每到晚上,启功在灯下写文章,章宝琛就坐在旁边,用扇子不停地给他扇风,自己的衣服却都湿透了。长期的伏案工作,使启功经常受到头晕、高血压的侵扰,章宝琛不停地为他做头部按摩,为他寻找偏方,尽心尽力伺候他。在为中华书局标点《二十四史》和《清史稿》时,因为时间紧、任务重,启功整天伏案工作,在繁多冗杂的各种书籍里寻找资料,经常累得昏倒在桌旁。有一次,启功又晕倒了,久久没有醒来,章宝琛吓得大哭起来。启功醒来后,看到妻子眼角的泪花,幽默地写了一首诗:"北风六级大寒时,气管炎人喘不支,可爱苏诗通病理,春江水暖鸭先知。"哄得章宝琛破涕为笑。作为一个妻子,她展现了传统女性身上甘于吃苦、坚忍不拔的优良品德,她做到了能够做到的一切。

可惜的是,1975年,章宝琛积劳成疾,一病不起。当时启功仍在点校《二十四史》,他不能辞职专心照顾老伴,为了既不耽误上班,又能更好地照顾她,启功白天请了一个看护,晚上就在她病床边搭几把椅子,睡在她旁边,直到第二天早上看护来接班。就这样一直熬了三个多月,章宝琛最终没能打败病魔。在她弥留之际,启功回家为她去拿准备入殓的衣服,却只见自己的衣服都是妻子精心缝制的新衣,而妻子的却都是缝缝补补的旧衣裳。

在生命的最后时刻,章宝琛伤感地对启功说:"我们结婚43年了,一直寄人篱下,若能在自己家里住上一天,该有多好。"启功的一位好友听说后,立即决定把房子让给他们。第二天,启功便开始打扫房子。傍晚,当他收拾好一切,迫不及待地赶到医院时,妻子却已经撒手人寰。就这样,章宝琛带着对丈夫无限的眷恋,离开了这个世界,她到死也没能在属于自己的家里住上一天。在病房里,启功压抑住内心的悲痛,送走了前来探望慰问的亲朋好友。当人走尽后,启功将房门关紧,绕着妻子的遗体亲自为她念了好多遍"往生咒"。当时的形势,不允许搞这些所谓的"封建迷信",但启功仍然这样做了,他不知道,除了这样,还能为已经阴阳两隔的妻子做些什么。他只能用这种方式,来表达和寄托对她的哀思。启功希望善良、贤淑的妻子能往生净土,不再遭受人间的苦难,享受一个美好幸福的来世。

第四节

无限思念

　　章宝琛走后,启功在办理妻子的后事时,才发现自己的爱妻这一生竟然连一张单人的照片都没有留下。两个多月后,启功搬进了学校分给他的房子。他终于有了自己像样的家,但这时候,他相濡以沫的妻子却已经和他阴阳两相隔了。他怕章宝琛找不到回家的路,便来到她的坟头,深情地说:"宝琛,我们终于有自己的房子了,你跟我回家吧。"回到家里,启功炒了章宝琛最爱吃的菜,他不停地给她的碗里夹菜,直到碗里堆满了菜肴。碗筷还是旧碗筷,只是妻子已经不在,想起往昔的点点滴滴,启功再也无法抑制内心的悲痛,趴在桌上失声痛哭。

　　妻子去世后,启功经常想起她,甚至做梦也都是妻子的身影。他在文章中写道：今生今世跟我受尽了苦，没有享过一天福，哪怕是极普通的要求都没有实现……她撒手人寰后，我经常在梦中追随她的身影，也经常彻夜难眠。我深信灵魂，而我所说的灵魂更多的是一种情感，一种心灵的感应，我相信它可以永存在冥冥之中……老伴死后不久，"文革"结束，我的境况逐渐好了起来，用俗话说是名利双收，但我可怜的老伴再也不能和我分享事业上的成功和生活上的改善。她和我有难同当了，但永远不能和我有福同享了。有时我挣来钱一点愉快的心情都没有，心里空落落的，简直不知是为谁挣的；有时别人好意邀请我参加一些轻松愉快的活动，但一想起只剩下我一个人了，就一点心情都没有了。

章宝琛去世后，启功把稿费和卖字画所得的200多万人民币全部捐给了北京师范大学，而自己却住在简陋狭小的房子里。他说："老伴活着的时候，我没有钱让她过好日子。现在她走了，我要这么多钱有什么用？我们曾经有难同当，现在有福却不能同享。因此，我的条件越好，心里就越不好受。"

1979年，北京师范大学党组织正式为启功平反，宣布其"右派"系错划，为他加了一级工资。启功把加工资的名额让给了更加需要的人。组织上派人问他有什么意见，启功喟然长叹："改与不改，对我都无所谓了。"

那位同志愕然，问："为什么？"

启功说："当初知道我被划为'右派'分子特别为我揪心的两个人，一个是我师陈垣，一个是我老伴。现在，这两个人都不在了……"说至此，启功不禁潸然泪下。

章宝琛与启功共同生活了40多年，除了吃苦受累，提心吊胆，没过过一天好日子。好不容易到晚年启功的日子好了起来，她却永远离开了这个世界，怎不叫启功肝肠寸断？启功晚年回忆集《启功口述历史》中，回顾了自己的家族以及自己的恩师、长辈和一生的遭遇，其中最感动人心的文字，就是写到他妻子的那些：

岁华五易又如今,病榻徒劳惜寸阴。稍慰别来无大过,失惊俸入有余金。江河血泪风霜骨,贫贱夫妻患难心。尘土镜奁谁误启,满头白发一沉吟。(《见镜一首。时庚申上元先妻逝世将届五周矣》)

凋零镜匣忍重开,一闭何殊昨夕才。照我孤魂无赖往,念君八识几番来。绵绵青草回泉路,寸寸枯肠入酒杯。莫拂十年尘土厚,千重梦影此中埋。(《镜尘一首。先妻逝世已逾九年矣》)

启功对妻子的思念,一直持续到他晚年。有一次,有个朋友去拜访启功,启功拿出橘子来招待他,正吃了一半,又有人来访。启功让朋友稍等,便把没吃完的橘子放在一旁,招呼客人去了。朋友看着房间有些乱,便帮着收拾收拾,顺手把启功的半个橘子一起扔到垃圾桶了。启功送走客人,回来到处找吃剩的半个橘子,听说被朋友扔了,便去垃圾桶找出来说:"拿水冲冲还能吃。"朋友看见尴尬极了,只好说:"启老,我扔的我来吃吧。"启功不同意,立刻拿到水龙头下冲冲就给吃了。

朋友尴尬之余,忍不住问启功:"启老,你现在的状况,不至于连半个橘子都要捡起来吃了吧?"

启功看着朋友,缓缓说道:"这橘子好好的,干吗要扔?"

看着朋友的窘态,启功接着说:"你不知道啊,我老伴在世的时候,就喜欢吃橘子。可是,现在看来极普通的要求,我都没能满足她,她没有过过一天好日子,她虽死而无怨,我心里却更加难受,我们是'有难同当'了,却不能'有福同享'。今天我的条件越好,心里就越不好受,特别是我今天得到的一切,已经觉得名不副实了,怎么能安心地享受这一切呢?"

朋友听了,恍然大悟,也被启功这一番真诚的话语深深打动。

在世人的眼中,启功与妻子的婚姻并没有什么传奇色彩。他们的婚姻,是最老式的父母之命媒妁之言的包办婚姻:母亲做主,将儿媳妇娶进门。在今天看来,这段姻缘"很不般配":先生成长于书香世家,书画文章皆优,是个典型的文人，而夫人只是个普通的家庭妇女，没有读过什么书，还带过来一个年幼的弟弟。但这种文化层次的不同，并没有成为婚姻里的阻碍，归根到底，是章宝琛的人品与奉献成就了这段姻缘。她一辈子善良贤惠，孝敬老人，善于持家，任劳任怨，为这个家庭贡献了所有。这些朴素的美德，赢得了启功先生对她的敬重，至于那些世俗眼中的差距和差异，又与他们的爱情和姻缘有什么关系呢？

第五节

死亦同冢

2005年,九十三岁的启功,因病去世。他死后,与结发妻子章宝琛合葬在一起。他兑现了他的诺言:与妻子,生愿同衾,死同冢。

启功的一生,没有留下儿女后代。章宝琛在世的时候,此事一直是她的一块心病和遗憾。作为一名传统的女性,章宝琛非常希望能有一男半女,长大了能够继承启功的书画艺术,最起码等丈夫老了,也能照顾养老。但天不遂人愿,婚后很久也没有孩子,因为此事,章宝琛一直觉得亏欠启功。当她重病住院的时候,她和启功打了一个赌:她死后,启功一定要再找个人照顾他的饮食起居。

启功听了,说:"老朽如斯,哪会有人再跟我?"

章宝琛却激丈夫:"我死了以后,你一定要续弦,不信就打赌。"

启功说:"我不会的。"

章宝琛又说:"一定会的,会有许多人来给你保媒拉纤。"

启功问:"别人我管不了,我肯定是不会的,只是将来你输了赌债怎么还?"

章宝琛答:"我自信必赢,且不需欠债还钱!"

启功看着病榻上瘦弱的妻子,心中何尝不知道,这是妻子担心他,放心不下他,希望他能在晚年有人照顾。

启功苦笑着说:"好吧,我们打赌,看看谁输谁赢。"

果不其然,章宝琛去世后不久,为他做媒的人接踵而来,介绍的对象也是各色人等,不一而足,有老师,有演员,还有政府公务员,都是条件很好的女士。启功一一谢绝,对媒人和介绍人说,此生不再娶了,请各位不要麻烦了。

为寄托对爱妻的哀思,启功在其《痛心篇二十首》中,以极朴素的语言,表

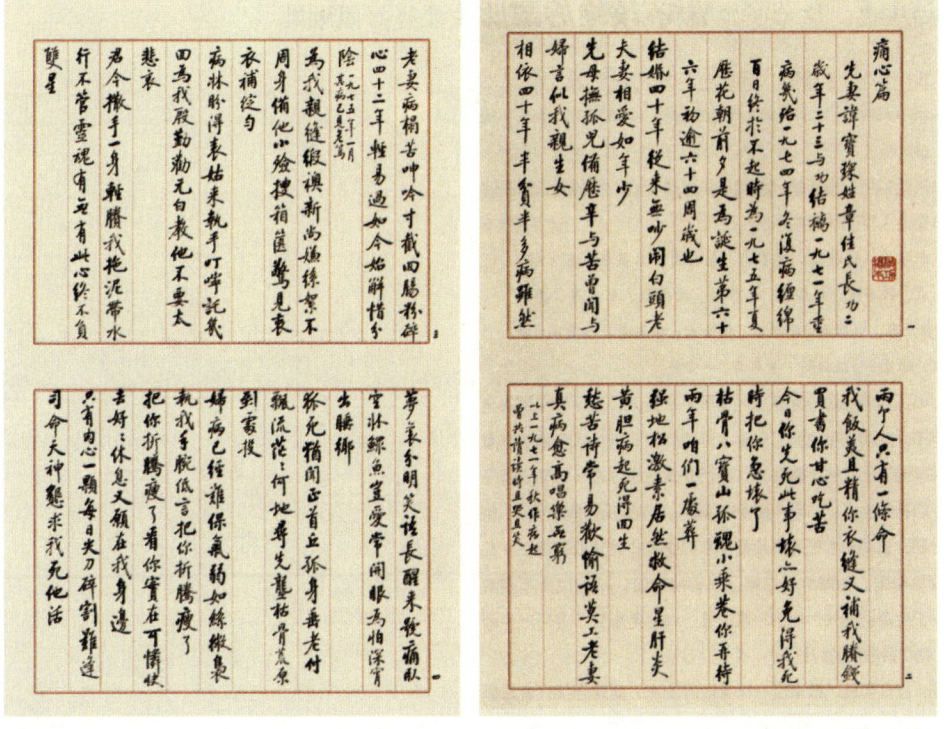

启功书写《痛心篇》

达了他与妻子之间生死相依的深厚感情:"结婚四十年,从来无吵闹。白头老夫妻,相爱如年少。""相依四十年,半贫半多病。虽然两个人,只有一条命。我饭美且精,你衣缝又补。我剩钱买书,你甘心吃苦。""为我亲缝缎袄新,尚嫌丝絮不周身。备他小殓搜箱箧,惊见衷衣补绽匀。病床盼得表姑来,执手叮咛托几回。为我殷勤劝元白,教他不要太悲哀。君今撒手一身轻,剩我拖泥带水行。不管灵魂有无有,此心终不负双星。梦里分明笑语长,醒来号痛卧空床。鳏鱼岂爱常开眼,为怕深宵出睡乡。狐死犹闻正首丘,孤身垂老付漂流。茫茫何地寻先垄,枯骨荒原到处投。……"

即使到了暮年,妻子的音容笑貌在他脑海里依然清晰如故,他们相处的一幕幕温馨场景像刀一样刻在他的记忆里,温暖着他孤独而寂寞的心。每年的清明节,他都坚持去墓地"带"妻子回家,炒几个她最爱吃的菜。他经常对身边照顾他的亲属说:"要是有一天我走了,就把我与宝琛合葬在一起。我们来生还要做夫妻。这辈子她为我操碎了心,我来生要好好照顾她。"

第五章

师大生涯

SHIDASHENGYA

从启功进入辅仁中学任教开始，一直到他在北师大教授岗位上去世，他当了70多年的教师。他把一生都献给了祖国的教育事业，培养出了不计其数的优秀学生，是当之无愧的"师之典范"。

第一节

并入师大

  1952年,辅仁大学与中国人民大学教育研究室、燕京大学教育系、北京大学教育系（部分）一起并入北京师范大学,并在此基础上成立了新的北京师范大学（以下简称"北师大"）,启功也随之到北师大工作,学校的校长仍旧是启功的恩师陈垣先生。

  北师大的前身为京师大学堂。19世纪末,中日甲午战争爆发,清政府战败,被迫签订丧权辱国的《马关条约》,之后,帝国主义掀起瓜分中国的狂潮,民族危机日益严重。当时的有识之士痛感时局之危急,救亡图存,意图挽狂澜于既倒,开办新学培养人才就是举措之一。1898年,清政府制定《京师大学堂章程》,规定京师大学堂分普通学与专门学两类,

1947年4月,余逊、启功、柴德赓、周祖谟

同时设师范斋和编译局等部门。以后历经戊戌政变、义和团运动、八国联军入侵北京等变故,京师大学堂屡遭重创,以致停办。

1902年,清政府重建京师大学堂,先设速成科,下分仕学馆和师范馆。1908年5月,京师大学堂优级师范科改名为京师优级师范学堂,校址迁往厂甸五城学堂。这是我国高等师范学校独立设校的开始。1923年,经教育部正式批准改为北京师范大学。1931年7月,北京师范大学与国立北平大学女子师范学院合并,定名国立北平师范大学,下设教育学院、文学院、理学院及研究院。1937年7月,卢沟桥事变后,日本侵略军占领北平,国立北平师范大学迁往西安,与国立北平大学、国立北洋工学院组成西安临时大学。1946年春,学校师生陆续迁回北平。

1949年2月,北平解放。1952年辅仁大学并入北师大后,北师大的规模有了较大发展,教师增至340余人,在校生达2300余人;校舍增加近一倍,原和平门外新华街旧址称南校,定阜大街辅仁大学校址称北校,并在海淀区北太平庄建新校舍,占地82万平方米。中华人民共和国成立之初,百废待兴,国家上下一派欢欣鼓舞、欣欣向荣的新气象。启功也被这种氛围所感染,他憋足了劲,想要在三尺讲台上大干一番,将他满肚子的学问传授给学生,为新诞生的中华人民共和国贡献出自己所有的光和热。

可惜,事与愿违,希望越大失望就越大,接下来发生的事情让他措手不及,甚至无所适从。新北师大成立后,由于受当时意识形态影响,加上中华人民共和国被西方帝国主义国家围堵,国家建设各方面都向苏联学习。在高等学府的建设上,各方面也都比照苏联的大学进行了重新定位。北师大扩大后,整个教学宗旨乃至院系调整都受此影响,学校对指导政策、院系设置、学科分类、任教人员等各个方面重新进行了安排。

众所周知,启功是一个通才,在古典文学、史学、考据学、书画和文物鉴赏等方面都有很深的造诣。他在辅仁大学教授中文时,深受当时学生的欢迎及认可,因为他知识广博,教学时可以旁征博引,跨越多学科提高学生综合素质。北师大实施新模式后,中文这门本来综合性很强的课程,被强行拆分,设置了古典文学、现当代文学、古代汉语、现代汉语、文艺理论、美学、民间文学、儿童文学、电影文学等五花八门的课程。更有甚者,同一门学科之内,也要继续进行详细的划分。比如说,在古典文学中,还要再细分为先秦两汉部分、魏晋南北朝部分、隋唐部分、两宋部分、金元部分、明清部分,等等。而且学科下细分的每个单元之间各自保持独立的地位,然后在每一门学科之上,又再建立各自的教学研究室,这就是20世纪50年代大学的办学模式。

如此一来,虽然课程设置表面上看上去更加精细,但实际上矫枉过正,很影响学生综合素质的培养。正如现在人们提问,为何大学那么多,学生那么多,却再也培养不出另一个"启功"了呢?这种状况,对启功这样的老师的影响更大,因为按照当时的院系和课程设置规定,按教研室建构,就要把一部中国文学史分成先秦段、两汉段、魏晋南北朝段、隋唐段、两宋段、金元段、明清段等等。各段相对独立,讲唐诗的不能讲宋诗,讲宋词的不能讲清词,更不用说讲古代的讲到了现代,讲现代的追溯古代了。这种体制下,往往是每个教师只专攻一段,甚至出现讲《左传》的不会讲《史记》,讲"杂剧"的不会讲"传奇"。大家都在自己的一部分中，不敢越过雷池一步地按大纲规定的内容去讲，即使对某些部分有更好的研究和理解也不敢多发挥一下。这种固化的人为的割裂，教条的烦琐规则，严重影响了中文教学。

在这种体制下，启功最后被分配到古典文学这一学科当教师。启功本就是一个精通语言、书画、写作的多面手，如今只能专攻古典文学了，"书画创作""自由写作""兴趣研究"等就得放弃。面对这种安排，启功十分尴尬。而接下来的教学更是令启功无所适从。

第二节

尴尬境地

受当时规定影响，高校教学工作，讲师必须要具备较强的马克思列宁主义理论水平。启功是一个从旧时代过来的文人，一辈子只对学问和艺术感兴趣，基本上属于"两耳不闻窗外事，一心只读圣贤书"的人物，马列主义理论就成为他的软肋。由于这个原因，启功没有资格主讲古代文学史课程，而只能充当一个类似"助教"的角色，"帮助"主讲老师讲授古代文学作品选。荒唐的一幕就这样出现了，上课时，启功不但不能像以前那样站在讲台上授课，反而还要像一个新生似的认真听讲，并不时记下老师强调的重点：什么是马列主义？什么是人民性？封建落后的思想有哪些？等到启功讲作品选的时候，他也只能抛弃自己的研究成果，把主讲老师所讲的马列主义的观点生搬硬套到具体的作品中去。因为只有这样,才符合当时大学的相关规定,也只有这样,启功才能保住自己的饭碗,在当时的工作岗位上长久地待下去。

幸好,校长陈垣鼓励他要接受现状,不要抱怨,尽快适应。

处在尴尬境地的启功,毕竟需要这份工作,加上恩师陈垣的鼓励,也只好接受现实。但他嘴上虽然不说,内心里一直有意见。在启功看来,教师必须掌握全面的知识,例如古代文学,各时期有各时期的特点,一代有一代之文学,适当地分期是应该的,也是必需的;但阶段再不同,文学的本质是相通的,前后的传承是有机的,人为割裂分段是不可取、不科学的。启功还认为,对待学生,也必须"因材施教",教师应该根据不同的对象、不同的环境灵活施教,如果按一定模式死板进行,必然成为僵死的教条,不会取得好效果。

随后发生的一件事,证明启功心中的担心并不是多余的。这一年,课堂教学兴起了"课堂提问"的教学模式,当时启功带几个学生到北京三中进行教学实习,巧合的是派给他的示范教师是其在辅仁教过的学生。启功带着实习的学生听示范课,这堂示范课就采用了当时流行的"课堂提问"方式。示范老师选取了课文《小英雄雨来》,内容是日本鬼子抓住小雨来后,强迫他带路去抓八路军,机智勇敢的雨来半路跳到河里,鬼子上当了,密集向河里开枪。文章巧妙之处在于到此而止,不再交代雨来的生死。这位老师便设计了这样一个问题进行课堂讨论——最后雨来死没死?老师的本意是希望有一部分学生说他死了,一部分学生说没死,然后各自提出理由,进行辩论。这样就能使课堂气氛活跃,也有利于老师引出文章的中心思想和知识点。可是,从提问第一个学生开始,一直提问了半个班,所有的学生都不约而同回答:"没有死。"

"为什么没死?"

所有学生的回答都是:"因为他的精神不死。"

这是书上的标准答案。学生们这样回答一点问题都没有,可是老师却傻了八十春秋屈指經一堂新進接耆英高才歷歷同謀國嘉樹欣欣蔭廣庭作範羣倫蒞德黌奪標四化奮儀型絃歌便奏傾杯樂請聽敲金戞玉聲　一九八二年秋日北京師範大學成立八十周年慶祝大會　啟功敬頌

眼,他设计的环节无法进行下去,只好硬着头皮接着往下叫。结果,一堂课到最后都没有达到老师预期的目的。课后,照例是大家评议,点评一番课堂教学如何生动活泼,课堂气氛如何活跃等套话。启功当着学生面,不便说什么,但当这位昔日的学生私底下找到他再征求意见时,启功不客气地和他开玩笑说:"雨来倒是没死,我可死了——让你给磨烦死了。"

  启功生气是有原因的,作为一名教师,他担心在如此的教育体制下读书的学生,无法发展个性,无法学会创新,最后变成千篇一律的庸才。这才是一个本色的教师、一个本色的启功。可惜,在那样的年代里,他的教育理念根本没有实践的机会。他的言行,也是不合时宜的。

第三节

飞来横祸

在那个时代,启功的"封建余孽"和"知识分子"双重身份,使得历次运动他都别想轻易逃脱。先是"三反""五反"运动,接着是批胡适批胡风、批《武训传》,好在启功一贯做人谨慎,又是"人畜无害"的单纯性格,尚能马虎过关。但接下来的"反右"运动,启功就没那么好运气了。

启功戴上右派帽子,不是在北京师范大学戴的,而是在中国画院。说起此事,还是因他在书画界太有名气。启功在绘画上业内名气很响,这是众人皆知的事情。当时,有人认为师范大学就是为培养合格的中学教师服务的,因此师范大学的老师只有把学生的基础知识打牢,再教些教学法才是正业,其他都不是正业,搞科研没必要,再搞书画诗词创作更是不务正业。启功怎么甘愿停下手中的画笔呢？他利用业余时间偷偷地进行创作，不断提高自己的绘画技艺。后来，有评论家或鉴赏家认为，启功在中华人民共和国成立后那段时间所创作的书画作品是他开始书画生涯以来质量最高的。就这样，启功在中国书画界渐渐有了名气，他参加了1952年文化部在北海公园漪澜堂举办的中国画画展，其中，他四幅最得意的作品展览后也没再发还给他，等于由文化部"收购"。这些作品在"文革"中被什么人抄走卖给了日本人，后来，又被国人买回，启功甚至还在其中一张上题过词。

1956年，著名书画家叶恭绰先生和陈半丁先生共同提议，希望"专设研究中国画的机构"。这项提议受到了国家领导人的高度重视，很快，文化部成立了中国画院筹备委员会，在经过一年时间的紧张筹备后，中国画院终于在北京成立了。

画院成立后，周恩来总理请叶恭绰主持中国画院的工作。叶恭绰先生此前一直非常欣赏启功的绘画，他盛情邀请启功去画院工作。启功当时认为自己是北师大的人，教书才是他的本职工作，何况校长陈垣是自己的知己和恩师，他怎能抛弃北师大的教书主业转去画院工作呢？于是启功就回复叶先生说："陈垣先生对我有知遇之恩，我一辈子也报答不完的，他活着一天，我就不会离开北师大！"

也许是叶先生太赏识和爱惜启功这个人才了，启功越是拒绝，叶先生的态度就越是坚决。这样一来二去，两个人为这件事情纠缠了很久。叶先生跟陈垣先生是多年的好友，最后，他找到陈垣先生说了此事。陈垣先生就对启功说："要不就这样，北师大这里的教书工作你不要丢下，以后你可以抽出半天去画院，就算是帮叶先生的忙吧！"

这种安排，启功答应了。启功也知道，这样的生活很辛苦，但毕竟一边是自己喜欢的教书事业，另一边又是自己醉心的书画事业，所以就算辛苦也是一种享受。从那以后，启功就开始了在北师大和中国画院的"双边生活"。在学校里

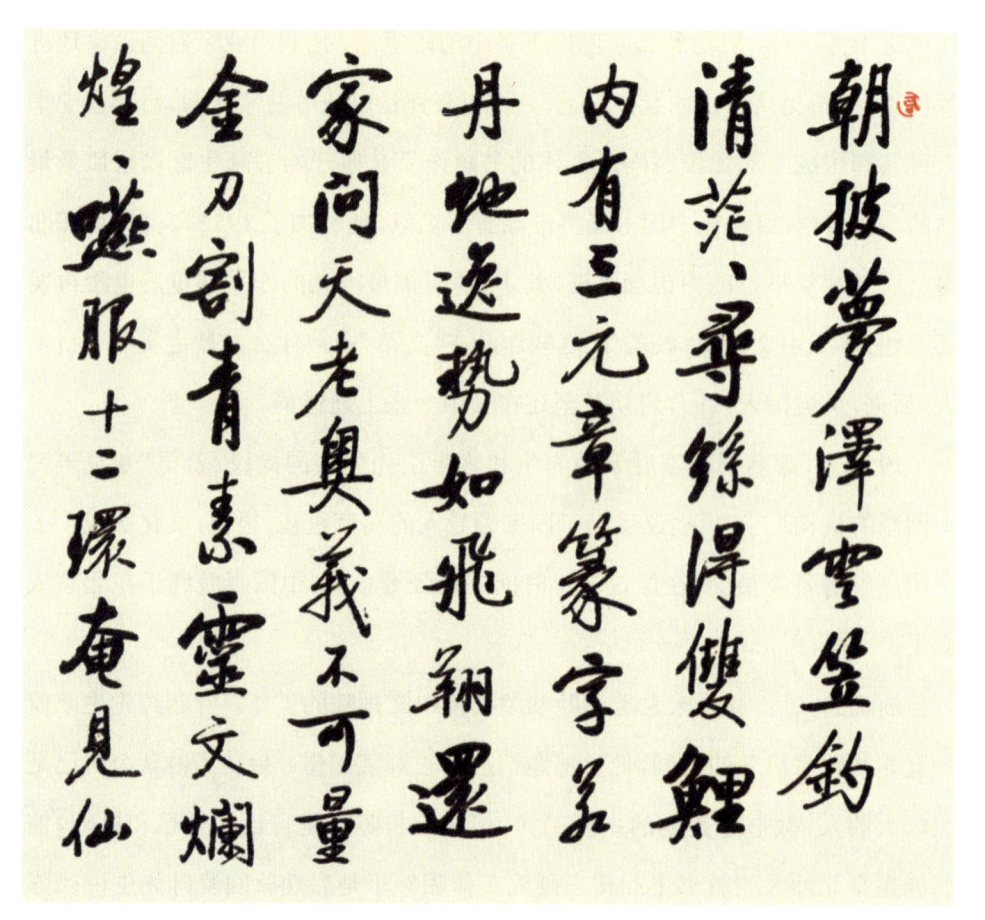

启功临《苏轼帖》

上完课以后，他就赶去中国画院帮上半天的忙。启功觉得，在那个令人压抑的年代里，他的这段生活也算是人生中一段美好的时光了。

但是好景不长，反右运动开始后，中国画院的有实权的人嫉恨作为画院负责人的叶恭绰，借机挟私报复，就连作为叶恭绰助手的启功都没能幸免。欲加之罪何患无辞，启功虽然没有现行的言论，但还是被打成右派。想不通的启功回到家里将此事告诉了妻子。同样想不通的妻子又委屈、又害怕，大哭了一场。启功只好劝慰妻子，说自己本就是"封建余孽"，这项"帽子"是跑不脱的了。从那以后，启功被中止了在北师大的教书工作，中国画院的工作同样也被停了。启功只能每天待在家中，以写作度日。一家人除了在精神上备受压迫之外，被划成"右派"后，他们的生活也捉襟见肘了。

启功原本是北师大教授，被划成"右派"后，教授当不成了，工资自然而然也就降了下来。学校每月只给启功15元生活费，考虑到他的家庭情况，又格外"开恩"，再给其妻子每月15元补贴。就这样，一大家子仅仅靠30元生活补助度日。无奈之下，启功只得把自己心爱的书画拿去古玩店里变卖。

没过多久，陈垣先生去逛琉璃厂，发现在荣宝斋展出的一些书画好像是启功家的东西。怕自己弄错，陈垣先生还叫自己的秘书再去看看，落实一下。秘书看完回来肯定地说："没错，那些都是启功的东西。"老校长顿时明白了，他知道启功平日里对待这些书、画爱如至宝，不是生活窘迫到一定程度，怎肯拿出来变卖？陈垣先生当即把那些书画买下，托人送到启功家里，还留下一百块钱给他贴补家用。

启功听说是老校长送来的钱，只好将钱收下，还不好意思地对来人说："我家里地方太小，实在没办法，卖了它们图个清爽、干净。"除了恩师施以援手，启功当时每月还从一位好友那里借钱，一直到后来重新教书后才逐渐还清。

第四节

淡泊明志

反右运动结束后,启功"右派"的帽子被摘掉,但仍然还是个"摘帽右派"。到了1965年,启功赶上一个更大运动的演习——"兰亭论辩"。

事件起因是郭沫若的一篇文章——《兰亭序不可能是王羲之写的》。有一些附和的好事者找到启功,让他写文章赞同这个观点。启功听了后,客气地说恕难从命,因为他三十岁的时候就专门写过考证兰亭的论文,持肯定观点。如今再写文章推翻自己的观点,这不是他这种人愿意干的事情。可惜,启功想得太简单了,他没有看清楚,这件事情并不单纯只是一起学术争论,而是出于某些政治考量才被发起的。很快,有人又找到启功,直截了当地告诉他,文章必须要写,观点必须是否定的，否则，后果严重。经历过历次运动的启功，仔细想了想来人的话，再结合自身的遭遇，渐渐明白了——这是一个躲不过去的坎，即使违心，也要配合。

启功把郭沫若文章看了又看，终于找到了一个其自认为可以介入的点，他连夜动笔，百般腾挪，顾左右而言他，总算给出了"兰亭序不是王羲之所写"的结论，并且留下了日后流传甚久的"看了郭老的文章我的理解活泼多了"的典故。事后，好友还拿此事和启功开玩笑，启功也只能苦笑着打哈哈，毕竟人在屋檐下不得不低头。回过头看这段历史，兰亭论辩是一个没有做成的局，启功幸运地躲过了这一劫。

躲过了个人的这一劫，躲不过群体性的更大的劫难。"文革"还是在第二年开始了。来势汹汹的运动，让启功感到害怕，也有点绝望。一天，他回到家，对妻子章宝琛说："'反右派'我熬过来了，可是这场'文化大革命'恐怕熬不过去了，不如死了算了！"妻子一听慌了神，她以为启功要寻短见，赶忙去找了一些亲朋好友前来劝他。他一看妻子这么认真，反倒笑了，说："你们放心，我还有许多事要做，怎么会愚蠢地去自杀呢！"也许是启功经历了上一次的反右运动，所以当"文化大革命"的狂潮席卷而来的时候，他的内心显得异常平静；也或许是他经历过人生的大风大浪，以至于这次灾难突然来袭，他反倒看得更淡了。

内心平静的启功引用陶渊明的诗句写了这样一副对联：

草屋八九间，三径陶潜，有酒有鸡真富庶；
梨桃数百树，小园庾信，何功何德滥吹嘘。

这副对联，表明了启功心中早已平静如水，管你什么运动，他自己"躲进小楼成一统"，大隐隐于市了。"八九间"有双关寓意，一是指他自己寄居在小乘巷内弟的两间草屋里，二是指自己的身份排列在"地富反坏右"和"知识分子臭老

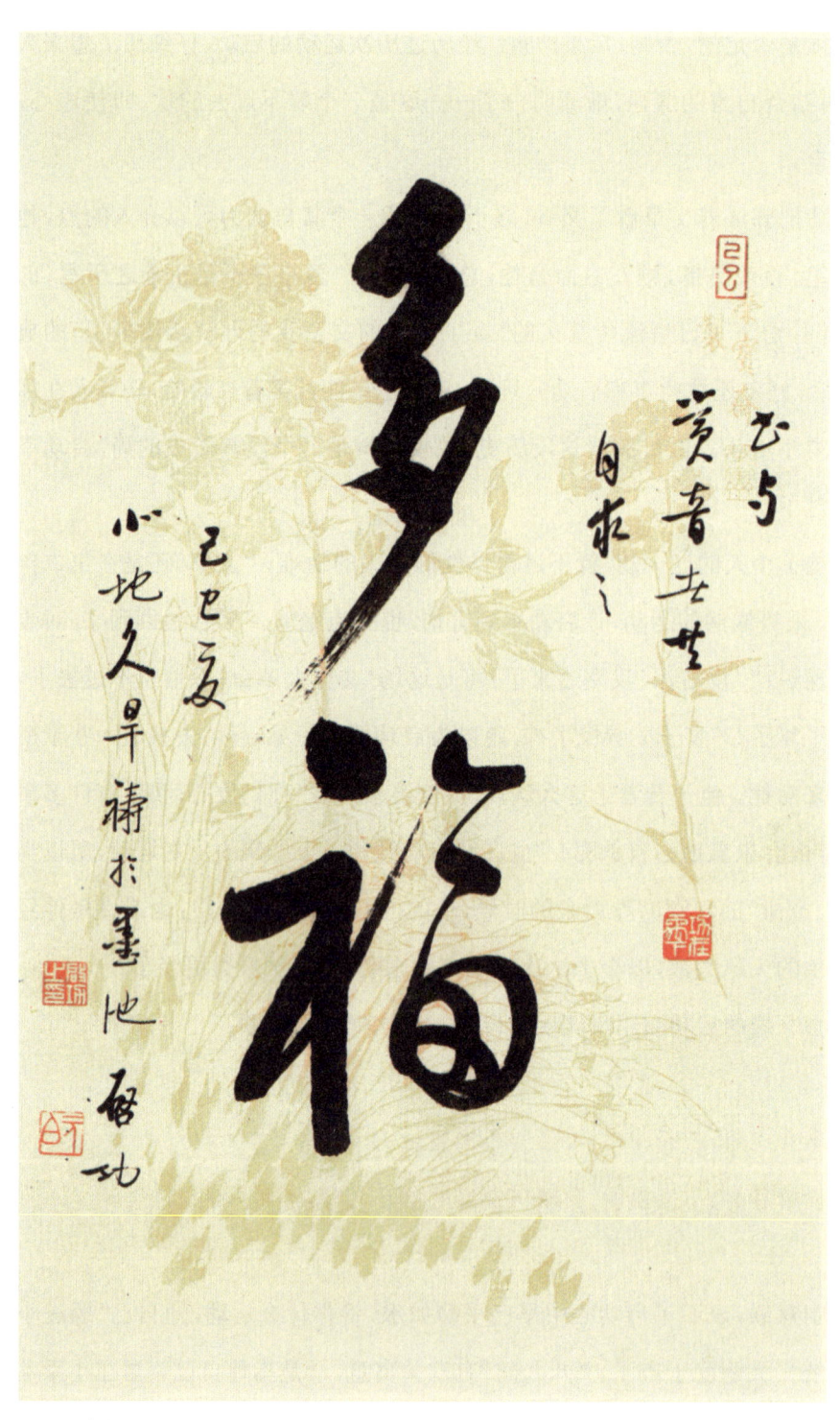

启功书法作品

九"的"八九"之间。即使处境再凶险，他也要发挥所长，尽自己的心力浇灌出一片桃李芬芳的后花园。

"文革"中，不光启功，北师大受到冲击的还有许多老师，就连爱护、保护他的恩师陈垣先生也未能幸免。有一次，启功在北师大看大字报时遇到了自己的恩师陈垣校长，这师生二人只能四目相对，连声招呼都没敢打。在他们擦肩而过的时候，启功只听到陈垣小声地说道："现在到底是怎么了？"然后他便匆匆消失在启功的视线之外。启功知道，现在的陈垣，再也不能像以前"老母鸡"那般保护他们这群"小鸡雏"了。

在当时的学校里，所有被审查批判对象的工作全都停了，唯一的任务就是"改造"。有的是被关起来，失去人身自由，随时被拉出去参加批斗；有的是被"挂起来"，可以参加运动，跟造反派一起讨论和学习；有的是靠边站，回家。启功被列入"挂起来"的一类，白天在师大学习、写大字报，晚上可以回家，假如有事情，得随叫随到。对这仅有的一点自由，启功感到很满足，并且开玩笑说这段时间是他书法水平长进最快的时期。启功抄大字报的时候，不用刻意地挑好纸、好笔，也不用像后来有名了一大堆人簇拥着讲那么多的排场，他只用一支秃

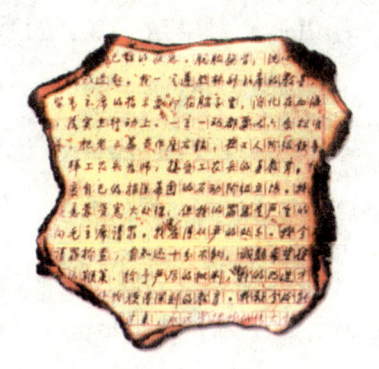

启功在"文革"中写的检查材料

启功在"文革"中写的检查（局部）

笔、几张彩纸,甚至报纸,边抄边聊即可。除了抄一般的大字报之外,时不时地还要抄精装版的大字报,比如为庆祝建党节、国庆节等,就要出讲究的板报,用上等的纸抄些毛主席语录、诗词之类的,再配上些高山红日、青松翠柏的图案。启功将这个任务看作难得的绘画机会,正好过过拿画笔的瘾。"文革"结束后,启功还在拍卖市场上看到他当时手抄的毛主席诗词成了拍卖品,而且确实是他的真迹,价格卖得也很好。

说起大字报,启功在"文革"中还有个故事。北师大的大字报席棚长达数百米,分布在校园几条主干道两旁,甚是壮观。由于校内两派斗争激烈,大字报两三天即更新,有时墨迹未干,就被另一派新的大字报覆盖,毫无道理可言。但无论怎样针锋相对,字迹总要清楚,让人看得明白。启功的字写得好,中文系红卫兵组织就指定让启功抄写大字报。结果时间一长,红卫兵发现,只要是启功写的大字报,白天贴出去,第二天就没了。原来,有些学生实在是喜爱启功的书法,趁着晚上没人,冒着"破坏文化大革命"风险,偷偷跑到大字报席棚去揭启功写的大字报,拿回来或者欣赏,或者临摹。造反派万万没有想到,他们的大字报,除了"斗争"的功用,原来还有"教化"的作用。

第五节

意外"解放"

1971年的冬天,启功正在北师大接受监督劳动。有一天,他正在扫地,忽然学校的军代表派人来叫他去。启功一听,有些慌了,心里想,自己除了老老实实接受劳动监督,没说什么"奇怪"言论,没做什么出格的事啊。启功放下扫把,忐忑不安地去了。

一进门,启功看见屋里坐着一个人,他上前说明来意,那人就问:"你就是启功?"

启功认认真真地回答:"我是启功。"

对方站起来,把他从头到脚地打量了一番,然后郑重地宣布:"军代表有事出去了,我代表他通知你,你从即日起就算正式入伍了。"

启功一听，丈二和尚摸不着头脑，甚至怀疑自己的耳朵出了问题。自己一个被监督改造的"右派"，一下子参军了，这变化也太大了吧？何况他是一个年近六十岁的老头子，参军也拿不动枪啊！而且老伴得了黄疸型肝炎，平时必须有人陪住。如果到了部队，谁来照顾老伴呢？

启功心想，这一定是搞错了。随后，他壮着胆儿问了一句："是不是搞错了？"

对方一愣，不耐烦地说："这学校里不就你一个叫启功的吗？"

启功说："是啊！确实就我一个。"他心里想，别说这学校，估计全北京叫这名的也就他一个。

"那还会搞错吗？听说你被分配到'24师'，赶快回家收拾一下吧！"

启功听到这，真有点急了。这莫名其妙就被"充军"了，还是去"24师"，这部队在哪儿啊？家里得病的老伴可怎么办啊？莫非要把他进一步看管起来？他什么都没做啊！

启功还想再问详细点，对方说自己也不是很清楚，不行明天再来一趟，找军代表问个清楚。

第二天一早，提心吊胆了一整夜的启功来到军代表办公室。这一次，驻校军代表正好在。他看见启功，并不知昨天别人怎么说的，心平气和地对启功说："启功，现在上级领导给你一个重要的任务，准备调你到中华书局二十四史编辑部去工作，这可是一项重要的工作，体现了党一向重视文化工作，也体现了党对你的信任。"他再往下说什么，启功是一句没听清，心里一块大石头算落了地。原来，昨天那个工作人员搞错了，是"二十四史"而不是"二十四师"。忐忑不安了一晚的启功想起昨天的误传，想笑又不敢笑，只好口中答应着，告辞回家。

上级要调启功去参加《二十四史》的点校工作，具体是点校《清史稿》。之所以要调他去做这个工作，是因为他史学功底深厚，加上是满族出身，对清朝典

标点《二十四史清史稿》同人合影

章了然于胸，当然是校注《清史稿》的理想人选。1970 年，喜爱读史书的毛主席对身边的人说了一句："我国的《二十四史》还是要出的嘛！"就这样，身处困境中的启功怎么也想不到，毛主席的一句话竟然让自己得了福。因为从 1971 年调入中华书局，一直到 1980 年完成《清史稿》的校对和注释工作，十年时间，启功远离了政治运动的冲击，可以从事喜欢的学术研究工作，生活也过得很安稳。因此启功常常对人说："中华书局是我的第二个家。"由此可见，在中华书局工作的这段日子在启功的人生中占有多么重要的地位。

"文革"之前，中华书局的办公地址在北京市公主坟西侧的翠微路 2 号，和中华书局在一起的还有著名的商务印书馆。"文革"开始后，中华书局和商务印书馆的很多职工被下放到"五七"干校劳动，原址被一家锅炉厂占用了。等到中华书局和商务印书馆的职工返回上班时，已经没有了办公楼，所以他们只能去了文联的办公楼，位于王府井大街 36 号。

中华书局成立于 1912 年 1 月，是中国历史最悠久的出版社之一，由陆费

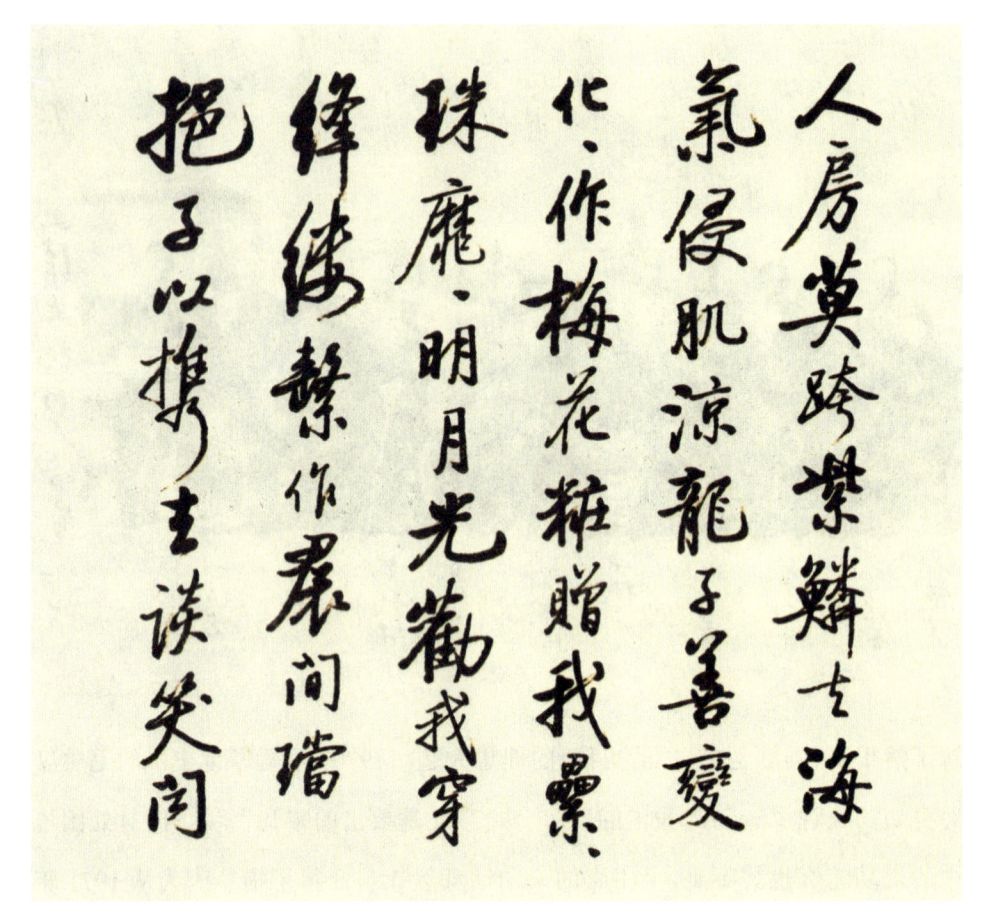

启功书法作品

遘（伯鸿）先生在上海创办。建局之初，奉行"开启民智"的宗旨，以编辑出版各类教科书为主，在传播科学文化知识、推行新式教育方面起了积极的作用，在国内出版界占有十分重要的地位。《清史稿》最早的版本是民国初年设立的清史馆编写的记述清代历史的未定稿。它分为纪、志、表、传四部分，共536卷。清史馆由赵尔巽任馆长，先后参加编写的有一百多人。1914年这项工作开始，至1927年大致完稿。由于历史原因，编者基本上还是站在清王朝的立场来写清史的。由于成于众手，彼此照应不够，完稿后又未经仔细核改，刊行时校对也不认真，体例不一，繁简失当，以至年月、事实、人名、地名的错误往往可见。对于编纂上的这些问题，编者也是有所了解的，因此发刊缀言中指出，此书仅仅是作为史稿公之于世,"乃大辂椎轮之先导,并非视为成书也"。

启功去中华书局,主要的任务就是重新点校这一版本。当时和他一起负责点校《清史稿》的还有刘大年、罗尔纲、孙毓棠、王钟翰,其中刘大年因有事先撤出,后罗尔纲、孙毓棠也因病离去,只有王钟翰和启功坚持到最后。在他们接手之前,马宗霍等人已经作了一些初步的整理,但遗留了很多的问题。

启功十分喜爱这个工作,原因有三:一是在中华书局的日子里,启功远远地避开了外界的吵闹和喧嚣,这里是一块难得的净土。二是共事的人都是专家学者,他们熟悉历史,每个人都学有所长,启功和他们很容易寻找到共同语言,在工作中也更有默契。三是启功精通古代文化,对清朝的历史、人物、事件、政治经济、典章制度、文化艺术、民族外交事务等都十分熟悉,工作起来如鱼得水,可以很好发挥自身特长。闲暇之余,兴之所至,启功也会泼墨挥毫,或者画,或者写。同事们知道他书画皆好,都围拢过来,作品完成的时候,纷纷鼓掌喝彩。还有人实在喜欢他的作品,往往启功刚刚放下毛笔,这边就把作品拿走了。拿的人不觉得有什么突兀,写的人也很高兴,丝毫不觉心疼。毕竟,那个时候,没有人能想到启功的作品日后会如此昂贵,大家就只是欣赏、喜欢。多少年后,启功仍然记得当初在中华书局工作时其乐融融的情景。他还写了四首小绝句《题旧作山水小卷,昔预校点诸史之役,目倦时拾小纸作画,为扶风友人持去,选堂为颜'云蒸霞蔚'四字。今归天水友人,为题四首》,其中两首写道:"小卷零笺任意描,丛丛草树聚山坳。不知十几年前笔,纸上畸魂似可招。""窗下馀膏夜半明,当年校史伴孤灯。可怜剩墨闲挥洒,块垒填胸偶一平。"其中"纸上畸魂""块垒填胸"等正是指在那特殊年代作画时的感情。

启功在这里,一干就是十年。虽然干得舒心,但为了能出色地完成这项工作,确保不出任何纰漏,启功也付出了巨大的代价。他每天要在办公桌前坐上很长的时间,而且还要大量地查阅古籍、考订资料、校对文字,就连每一个标点都要反复推敲。长此以往,启功的视力受损严重,更糟糕的是,他的高血压、颈椎病等日益加重,经常出现头晕目眩、呕吐不止的情况,去医院,医生确诊为美尼尔氏综合征复发。为了保证校对工作的顺利进行,启功只能每天口服药物,为避免颈椎过度压迫动脉血管还要去做颈部牵引。但启功不以为苦,反而觉得能把自己的知识贡献给祖国和人民是自己的荣幸。通过在中华书局校对《清史稿》这项工作,他完成了这个心愿。经启功等人校对的这部堪称中国文化遗产的《清史稿》出版面世,有学者评价说,启功在《清史稿》的点校中,最重要的功绩有二:一个是厘清了清朝入关前的制度,一个是校正了书中复杂的人名。启功和同事们,在《清史稿》的点校上付出了巨大的努力和心血,对史文的脱、误、衍、倒和异体、古体字等作了校改;清朝的避讳字,尽量改回;对已发现的由于行、段错排造成事理不合的地方,进行了查核校正;对于史实错误及同音异义的人名、地点、官名、部落名称等,一般不予改动,但也做了统一工作。中华书局版的《清史稿》于1977年出版,这是此书问世50年来最好的一个版本。

第六节

迎来春天

1976年,"文化大革命"终于结束了。启功和所有人一样,开始迎接美好的春天。1977年校点《二十四史》的工作结束,启功重新回到北师大从事教学和科研工作。当时,北师大的教学秩序在"文革"中几乎被毁灭殆尽,学生的基础和素质较低,大部分的课程停上,教材、参考书之类的教学资源都遭到了严重的破坏。这时的启功,已经是六十多岁了,但是他不顾自己的身体状况,担任了学校中国古典文学教研室主任,亲自上讲台讲课,不但给本科生和研究生上课,而且还主动向学校请缨亲自给夜大学生上课。对于一个年逾花甲的老人来说,这样的工作强度和压力可想而知。

由于"文革"对文化的摧残和压抑,当"文革"结束后,社

文化馆馆长聘书　　　　　　　　　　　启功参加全国政协会议

会上很快掀起一股学知识、学文化的热潮,启功的博学多才在社会上已经广为人知,每天总有许许多多的青年慕名前来讨教。面对这些热情高涨的学生,启功从来不会拒绝,他总是耐心接待、细心辅导,尽量做到让他们乘兴而来,尽兴而归。每天,送走最后一个来访者,启功都累到了极致,但他从来都没有一句怨言。他觉得,能够重新登上想念很久的讲台,他就已经很知足了,这就是时代、社会和人民在眷顾他了,他没有理由再抱怨什么。

之后,启功的社会工作和社会兼职越来越多,职务也越来越高。1980年后,他先后当选为"九三"学社中央委员、北京市政协委员、北京市民族事务委员会委员。1981年中国书法家协会成立,他当选为副主席,1984年接替离任的舒同任主席。1983年受国家文物局聘请,他担任中国古代书画鉴定组专家委员,负责鉴定全国各大博物馆馆藏的书画作品。1986年又被文化部聘为国家文物鉴定委员会的主任委员、故宫博物院顾问,《中国美术分类全集》主编。1986年起历任全国政协第五、六、七、八、九、十届常委,并兼任书画室主任。1992年被聘为中央文史研究馆副馆长,1999年正馆长萧乾先生去世后接任馆长。

启功先生作为国内一些社会组织机构成员,还多次赴港澳台地区及国外巡讲。1982年起,他多次到香港各大学讲学、访问、鉴定、办展,其中较有影响的是1990年举办的"启功书画义卖",他将义卖所得款项180万元全部捐给了北师大,并成立一个扶植贫困学生的奖学基金会,以陈垣老校长的书斋名"励耘"

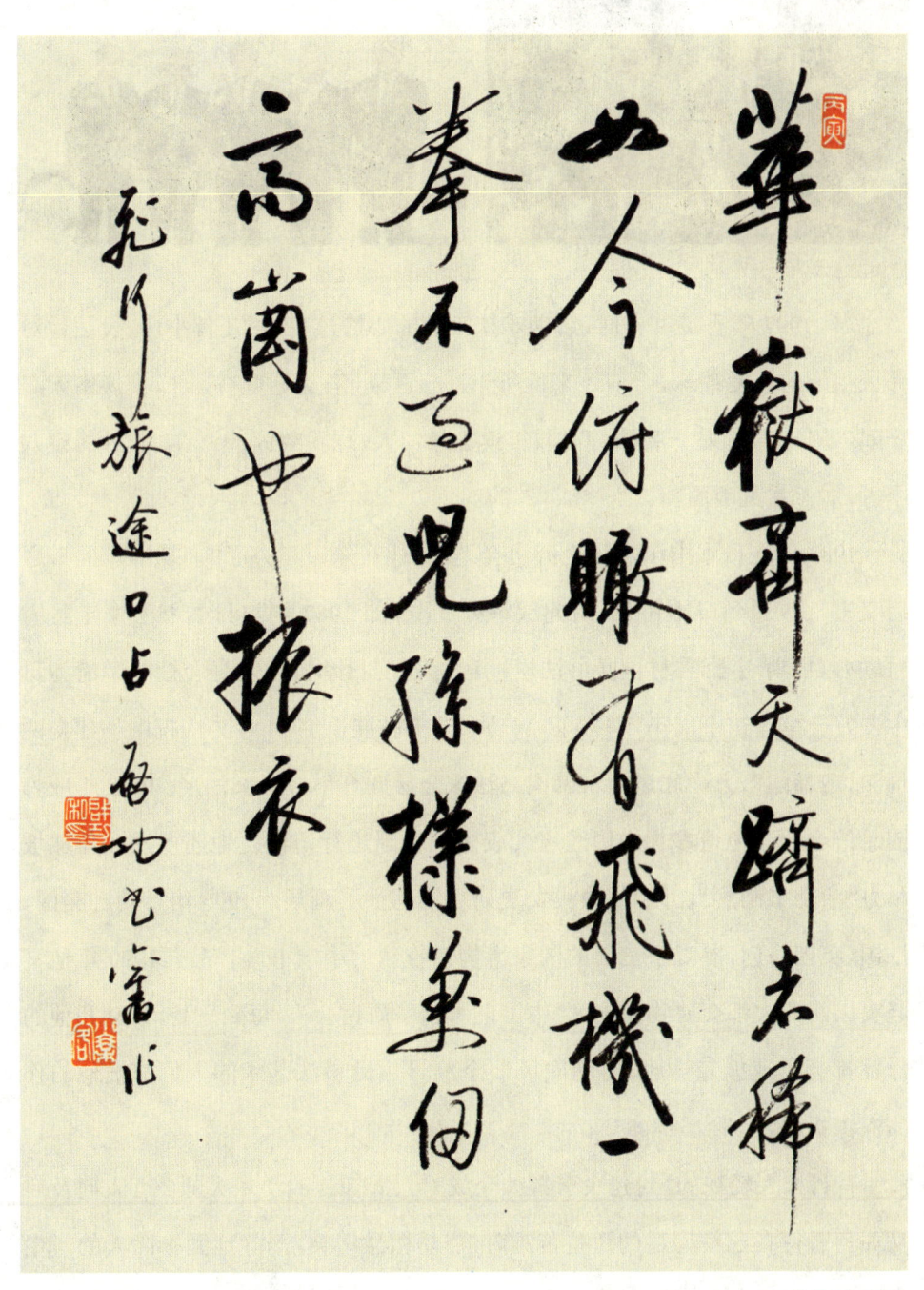

峰巅齐天踪未稀 如今俯瞰有飞机 拳不及见孙猴样 高岗中振衣

飞行旅途口占 启功书旧当止

启功作品《自作诗》

启功在日本　　　　　　　　启功与韩国书法家联展

来命名。1997年香港回归时,启功难掩激动的心情,口占了几首小诗,表达他对伟大祖国的热爱:"珠,合浦还来世所无。一百载,华夏更重书。珠,光焕南天海一隅。惊回首,国耻一朝除。""耋年读史最惊人,蹐我封疆一百春。望外孱躯八十五,居然重见版图新。"

1983年应日本中国文化交流协会邀请,他在东京举办了"启功书作展",之后又多次应邀到日本讲学、访问或举办展览,如1987年与日本书法家宇野雪村联办《启功　宇野雪村巨匠书法展》,1998年应日本日中友好会馆的邀请为日中友好会馆建馆十周年,举办了"启功书法求教展"。1994年为庆祝中韩建交两周年,应韩国东方画廊邀请与韩国书法家金显联合举办了书法展。1995年应韩国总统金泳三邀请参加中国政府代表团到韩国进行访问。他还多次到新加坡举办"启功书画展",并组织中央文史研究馆馆员书画展。1996年启功赴美国、法国、英国访问,参观了三国的国家博物馆收藏的中国书画作品。1999年他又赴美国纽约大都会博物馆出席"中国艺术精华研讨会"。每到一处,启功和他的作品都会迅速掀起一股"启功飓风",全世界热爱书法艺术的人们都被他的作品深深折服。

昔日人人轻视的"封建余孽",如今成为人人仰视的学术大师。有人问及启功如何看待自己经历过的那些苦难时,启功微微一笑,平静地回答:"人的一生主要是'过去'和'未来','现在'是很短暂的,已经过去的事情,还想它做什么呢?要多想想未来。我幼年丧父,中年丧母。老年又失去老伴,没有子女,但很舒服，什么牵挂也没有了。当'右派'不许我教书，我却因祸得福，写了许多文章。幸亏有那么多的曲折，让我受到了足够的锻炼。一个人的思想形成有许多因素，遇到挫折的时候我不会生气。我最反对温习烦恼，自讨不痛快干什么！"

蔑视苦难，宽容待人，努力进取，这就是启功能够熬过那段艰苦岁月的根本原因。让人佩服的是，启功不但对于过去的那个时代选择了宽容，对待那些曾经伤害他的人，也没有记恨在心，相反却用一种包容的胸怀来对待他们。师大有个人在启功被莫名其妙地扣上"右派"的帽子之后，曾不遗余力地批判过启功。后来，启功得到了平反，此人良心发现，觉得自己对不起启功，于是就专门去找启功道歉。对此，启功哈哈一笑，他非但没有计较昔日的过节，反而还安慰对方说："身处那个年代，我们都是身不由己的，就好像在搭台唱戏一般，你唱了诸葛孔明，而我唱的是失了街亭的马谡。如今，戏唱完也就完了吧。"

启功曾经说过，过去那一场场政治运动是整个社会的悲剧，这在历史的进程中是不可避免的。因为有时候，历史本身就是一出悲剧。有道是"如烟往事俱忘却，心底无私天地宽"，不管人生的道路多么崎岖难行，只要拥有一颗乐观、宽容、无私、豁达的心，我们就能走得从容不迫，也才能饱览沿途的美丽风景。

第七节

师之典范

从启功进入辅仁中学任教开始,一直到他在北师大教授岗位上去世,他当了70多年的教师。他把一生都献给了祖国的教育事业,培养出了不计其数的优秀学生,是当之无愧的"师之典范"。启功先生曾经用九个字来概括自己的学问:"庞杂寡要,无家可乘焉。"所谓"无家可乘",就是"书法家、文物家、史学家"所有这些光环在他自己看来都是副业。他说自己首先是一个教师,然后勉强算是一个画家,而书法只是业余爱好而已。但他又从不以"教人者"自居,总是那样谦虚自抑,也不让别人以是启功的"学生"自傲。他对自己的要求很高,总是自谦,"我自己的学问研究得还不是很深",对学生也是高标准严要求。以他培养书法方面的学生为例,

启功给青年讲书法

他一生从不收专习书法的学生,只收古典文学方面的学生。对于形形色色书艺方面的慕名求教者,启功只是适当指导,从不收徒。启功自小系统地学习中国优秀的传统文化,知道书法不是单纯展示笔上功夫,不是一项专门技艺,书法大成在于综合素养,特别是古典文学方面的功力。要想成为一名出色的书法家,首先应该是一名文学家,既要有丰富的学识,还应有文学创作能力,特别是诗词创作能力,能书自撰诗、词、文。字写到最后,比的是"字"外的功夫,摹写启功书法的人很多,但至今无一人得其神韵和书卷气,原因就在于字外功夫薄弱。

正是因为这个道理,启功在教学时,非常注重学生综合素质的发展及融会贯通。他对待学生,是按照未来的大师的标准栽培的,不是按照合格的毕业生培养的。授课时,启功贯彻因材施教、循循善诱的原则,这一点是跟随陈垣校长学习时得到的真传。如果他发现某个学生的古典文学基础比较薄弱,他就为这个学生专门开设古典文学的基础课程,甚至有时候他还要把这个学生叫到自己家里,为他补上老半天的课。除了讲课,他对学生们的写作、创作也很关注,不但亲自指导学生们的作文、古诗、填词、论典,而且在批改作业的时候更是字

启功给中文系学生讲"四声"

斟句酌、一丝不苟。1979年,北师大学术委员会成立,启功被选为委员;1982年,北师大创立古典文献学专业硕士点,创立者是启功,也是在这一年,启功被聘为这一专业的硕士生导师;1984年,启功又被聘为博士生导师,开始招收古典文献专业的博士研究生。启功带学生,开设有文字声韵、文学流变、各类文体、古籍整理等多门课程,从教的最后20多年中,他先后培养了8名博士生、7名硕士生。启功所带出的这些学生,后来都为中国的教育事业作出了很大的贡献。他们当中的大部分,现在已经当上教授和博士生导师,成为独当一面的专家学者。

启功先生讲课总是从最简单的道理入手,深入浅出地揭示其本质。往往三言两语就点中要害,其余的则让学生自己去体会。古文从断句开始,一直讲到八股;诗词从声韵开始,直到平仄格律。除指定书目之外,还布置作业,亲自细细批改,然后当堂讲评。启功的教学总是同他的学术研究紧密结合在一起。比如,在历代韵文选课上,他给学生们讲敦煌变文,从敦煌石室的发现,伯希和、斯坦因劫走大批藏品,到《张义潮变文》《王昭君变文》和《燕子赋》等众多内容,使那些刚上大学的学生们了解到许多课本上没有且闻所未闻的知识。

启功讲课、写文章极注意深入浅出,化繁复为简明,化深奥为通俗,从不板起面孔故弄玄虚吓唬学生,总能让人感到读书求学乃是一项愉快的活动,而并非那么枯燥乏味、艰深困难。如诗词格律，这个问题讲不好就很容易使人厌烦，但启功巧妙地绘成图表教学生掌握其变化规律，使学生很容易就了解到诗词格律不但有规律可循，还有其灵活性，教学效果非常好。有的学生说古典文学太难学了，启功就说：古典文学说难也难，说易也易。大家没吃过猪肉，还没见过猪跑吗？咱们这门课就叫"猪跑学"。启功学识渊博，讲授得法，无论教什么课都得心应手，独具风格，深受学生的爱戴。

启功始终认为，对一名教师的最基本要求就是要具备深厚扎实的知识。为了让自己达到这个要求，启功在教学、研究的过程中有意识地将教学实践和科学研究结合起来，从教学实践中总结经验、探索规律，再利用这些总结出来的经验和规律去丰富教学内容，从而使教学水平得到提高。

北师大文学院教授、启功先生的第一届研究生赵仁珪这样描述老师的授课："先生既视学生为友朋，则不正襟授课而促膝相谈，先生称此为'熏'，为'天上一脚，地上一脚'，而大学者之能力尽在其中，谈天说地之际，所流溢者无不是精湛之学问。先生自嘲为'全都有点'的'杂货铺'，我则视之为取之不竭的'百科书'。"

首都师范大学书法学博士何学森先生回忆说："当年，我在北京师范大学读书，我所在的生物系与启功先生所居的红楼毗邻。绿树掩映中的红楼总是让我们无限神往。偶尔适逢启功先生出入，我们远远瞻望着，便觉得是一种幸福。"

启功几十年的同事、已故北京师范大学著名学者钟敬文这样称赞老友："诗思清深诗语隽，文衡史鉴尽菁华。先生自富千秋业，世论徒将墨法夸。"

启功去世后，北师大于2012年，在启功100周年诞辰纪念大会上，宣布启功书院正式成立。启功书院全称为"北京师范大学启功书院"，致力于实施三大计划：一，传统文化传播和国家文化形象建设计划。二，传统文化人才培养和世界汉学发展计划，设立"汉学国际研究博士生奖学金"，促进传统文化艺术的人才培养和研修。三，传统文化教育和青少年文化成长计划，设立公益性的文化

启功和学生合影

讲堂——启功讲堂,面向大众普及国学与传统文化,提高公民文化素养;建设启功书画艺术馆,使之成为中国传统文化教育的重要窗口和基地。书院将继承与弘扬启功精神,深入挖掘启功先生终生挚爱的中华传统文化的精神价值,探索中华传统文化的涵养之功与教育之能,传承中华传统文化,创新中国当代文化,提升中国文化的软实力,增强中国文化在世界格局中的地位与影响力。在当下,国家重视中国传统文化的学习和发扬,提倡文化、艺术等国家软实力的建设,正是出于社会上的文化不自信、盲目崇洋的风气,试想一下,如果我们多几个像启功这样的学问大儒、艺术大师,怎么会不自信呢?

"我这一辈子主要工作是教书,我只不过是一个教书匠。"这是启功在点评自己70余年的教师生涯时说过的一句话。文化靠传承,传承靠师承,如果有更多像启功这样的老师,中华文化必将发扬光大,中华民族也必将屹立于世界民族之林。

第六章 国学大师

GUOXUEDASHI

启功的书法艺术,世人评论甚多,有不以为然者,称其为"馆阁体";也有崇拜者,赞誉其能比肩王羲之,"书启千年之衰",给予极高的评价。

第一节

师法墨迹

启功最为世人所知，当属其书法。启功的书法艺术，世人评论甚多，有不以为然者，称其为"馆阁体"；也有崇拜者，赞誉其能比肩王羲之，"书启千年之衰"，给予极高的评价。不管世人评论如何，启功在国学上是毋庸置疑的大师，启功创造了"启功体"是事实，启功的书法得到业内和普通大众的追捧和喜爱也是事实，这是谁也无法否认的。

受家庭环境影响，启功幼年就开始习字。启功祖父是当时很有名的书法家，写得一手好欧体。他为了教启功写字，就把自己所临的欧阳询的九成宫帖作为参考，每日让启功按字样描模子，并认真把每一个字都做圈改。这种经历，养成了启功习字的习惯，也为他打下了很好的书法基础。启功当时很小，正处于启蒙阶段，习字也只是兴趣使然，没有明确想当一个书法家的念头。但启功对书法有着与生俱来的兴趣，根本不用大人催促，一有时间就不断学习写字，不断地阅帖和临帖。有一次，启功一个人蹲在屋里翻看祖父从琉璃厂买来的各种石印碑帖，当看到颜真卿的《多宝塔》时，突然从它的点画波磔中领悟到颜真卿用笔时的起止使转，不由得大叫："原来如此！"其祖父当时正坐在院子里乘凉，听到启功在屋子里大声地自言自语，大笑起来，回应了一句："这孩子居然知道了究竟是怎么回事！"祖孙二人在这一刻，在对书法艺术的理解上，达到了"心有灵犀一点通"的境界。这件事过后，就好像修禅的人突然"顿悟"又得到师傅的认可一般，启功通过这次"开悟"，在临帖时仿佛找到了感觉，临帖的水平也有了很大的提高。

　　随着字越写越好，对书法的理解越来越深，启功不再是简单地好好练字了，而开始有了成为书法名家的想法。到了二十岁时，启功草书也有了一些功底，有人在观摩切磋时说："启功的草书到底好在哪里？"冯公度先生正好在一旁，说了一句令启功受益终生的话："这是认识草书的人写的草书。"正所谓"懂的看门道，不懂的看热闹"。启功闻言觉得受到很大的鼓励和重要的指正。从此启功明白，要规规矩矩地写草书才行，决不能假借草书就随便胡来，这也成为指导他一生书法创作的原则。

　　二十多岁后，启功又得到了一部赵孟頫的《胆巴碑》，非常喜爱，花了很长的时间临摹它，学习它，书法水平又有了一些进步。后来，启功看董其昌书画俱佳，尤其是画上的题款写得生动流畅，潇洒飘逸，又专心学过一段董其昌的字。没多久，启功发现自己的题跋虽得了"行气"，但缺乏骨力，于是又从友人那里借来一部宋拓本的《九成宫碑》，并把它用蜡纸钩拓下来，古人称之为"响拓"，然后根据它来临摹影写，虽然难免有些拘滞，但使其字在结构的方正谨严上有了不小的进步。又临柳公权《玄秘塔》若干遍，适当地吸取其体势上劲媚相结合的特点。以上各家的互补，便构成了启功初期作品的基础。后来启功又杂临过

启功书法作品《论书》

历代各位名家的墨迹碑帖，其中以学习智永的《千字文》最为用功，不知临摹过多少遍，每遍都有新的体会和进步。

以上学习书法的经历和心得，在启功的自述《论书绝句》中有旁注曰："六岁入家塾，自临《九成宫》（欧阳询书）。十一岁见到《多宝塔碑》（颜真卿早期的代表作品），略识笔趣。二十余岁得赵孟頫书《胆巴碑》，特别喜欢，临摹许久。后得上虞罗氏精印《宋拓九成宫碑》，便逐字以蜡纸勾拓而影摹之。于是行笔顽钝，结构略成。"可以看出，启功研习书法，非常注重学习前人碑帖，这也奠定了他学习书法的基础。碑帖有个绰号为"黑老虎"，一方面指的是黑底白字的样子，另一方面也说明作为研究对象，它是一门复杂的学问，它集书法艺术、摹刻传拓技术、综合的文献历史知识于一身，没有专门的知识轻易去"动"它，会被"咬"的。启功一生收集了众多金石碑帖，这些珍宝与他的书法艺术成就密不可分。启功去世后，其亲属在他的床底下发现两只大箱子，里面便是他收集整理的金石碑帖，每一册几乎都有亲笔书写的记录、考订、研判、心得，写得密密麻麻，细致入微。作为一位教育家、学者、鉴定家、书画家，金石碑帖是启先生临习、研究的重要资料。他收集了一辈子，珍藏了一辈子，也研究了一辈子。

　　需要指出的是，业内多认为启功书法一直沉浸在简牍一脉的"帖派"传统中，对碑法的关注似乎不多。启功书法历来主张师法墨迹，反对取法碑版，对追求碑刻一脉的刀斧痕十分不以为然。这一观点在启功的诗中就有所体现："少谈汉魏怕徒劳，简牍摩挲未几遭。岂独甘卑爱唐宋，半生师笔不师刀。"另有论学习魏碑的诗："学书别有观碑法，透过刀锋看笔锋。"

　　启功曾说：我半辈子学的是笔法和墨的痕迹，而不是学刀和斧子的痕迹，是帖而不是碑，即所谓"师笔不师刀"，因为陈垣曾这样教导他："碑帖没有味道，不好学，不如真迹来得有味道。"可见，在"师笔不师刀"观念的指导下，启功书法保持着一种纯正的"帖"风。启功的书法可用"雅、清、简、静"四个字概括，这主要是因他受董其昌的"淡意""士气"的书法审美观所影响。董其昌对书法文人化的强调，既有延续魏晋"二王"（王羲之、王献之）、宋四家（苏轼、黄庭坚、米芾、蔡襄）书法文人化道统的一面，也有受晚明禅宗思潮影响而追求自性证立的一面。启功立足帖学内部，挖掘帖学的内在精神资源，整合晋、唐、宋代书法抉微气韵、淡意之旨和文人化审美意境，力抵元明以来由取法赵孟頫所带来的俗媚之弊。由此，启功的书法具有一种恂恂儒雅的书卷气，呈现出恬淡从容的古典意蕴。这是他与同时代其他大家显著的不同。

明月照积雪

平畴交远风

启功书法作品

第二节

独创"启体"

启功的字在继承前人的基础上独树一帜，开创了"启体"，也称"启功体"。启功的书法，具有极高的辨识度，他的作品，一看就是他写的，这就是"启体"的魅力。自从下决心开始练字的那一刻起，启功几十年来一直刻苦钻研，勤学苦练，不论严寒还是酷暑，几十年如一日，这才有了他日后的成就。他的作品，无论条幅、册页、屏联，都表现出优美的韵律和深远的意境，具有内紧外松的结体和炉火纯青的高超水准。

启功先生早年学习书法时，是临元代书法家赵孟頫的字帖。赵孟頫曾经说过："书法以用笔为先。"所以启功先生开始习字的时候就比较注意笔画的练习，曾花大量的时间和精力苦练用笔，一笔一笔地琢磨，临帖临得分毫无差。但

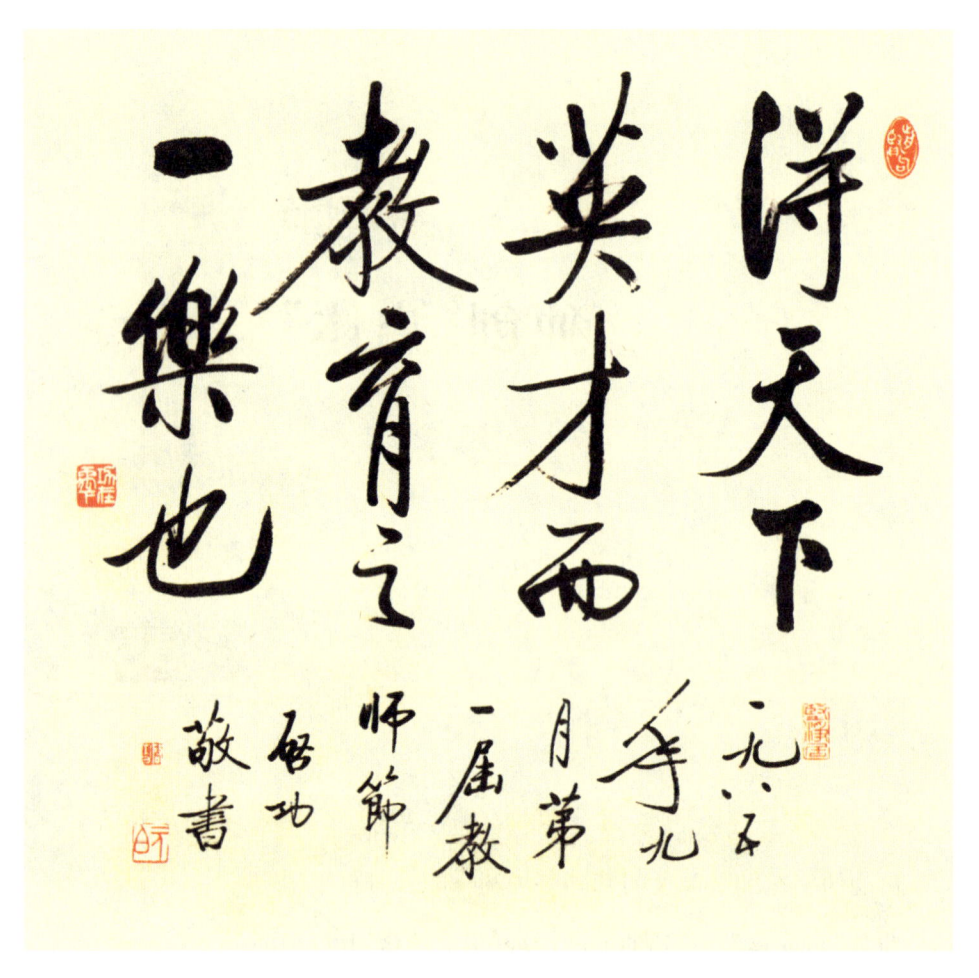

启功书法作品

写出来的字平看还可以，一挂起来就没神了。经过一段时间的临帖后，启功经过再三揣摩，他发现字写得不好的原因在于字的"结体"。于是，他把唐人写经以及很多名家碑帖用透明方格纸放大，双勾描摹，从笔画结构上找到了结字的规律，明白了赵孟頫的另一句话——"结字亦需用功"的真正含义。

这结字的规律却是极难发现的——一般人学书法都是从写九宫格或米字格开始的，将方格分成若干等分。启功发现问题就出在这"等分"上：道理很简单，因为每个字的重心不一定都在"中心"，所以不能把每个字都按一个模式上下左右分为"三等分"。于是启功采用了一个更为符合字形结构的划分法，便是由他首创的"五三五"不等分,这种字形上下左右的分量较大,中间的分量较小。

启功在这"五三五"不等分的基础上练字许久。他反复研究,又发现汉字结构存在先紧后松、左紧右松、内紧外松的规律,所以对历来所说汉字应横平竖直之言也不可尽信。其实,汉字在平、直之中也是有变化的,不然写出来的字就全无神采而变得呆傻了。形似与神似之别,究其根源还在于汉字的结构。如果字的结构不好,用笔再妙也无济于事。所谓"胸有成竹",就是写字时心中应先有这个字的骨架结构,下笔心中有底,笔下也就有神了。

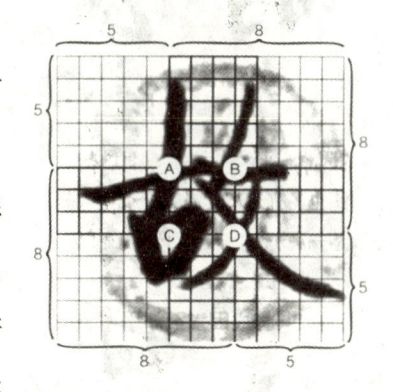

黄金分割示意图

根据自己的体会,启功创新地提出"书法以结字为先,结字亦须用功"的书法理论。然而,因过于追求结字,难免陷入各种争议当中,具体得结合着启功写的一首论书绝句——"用笔何如结字难,纵横聚散最相关,一从证得黄金律,顿觉全牛骨隙宽"来理解。启功认为,字的重心并不在方格的中心点,而在距中心点不远的四角处,这是黄金律在书法上的具体运用。写字只要写出结构,好看就行,爱怎么拿笔就怎么拿,爱怎样用笔就怎样用笔。哪怕每天写几个字,将字的结构写准确就是功夫。

启功还对《兰亭序》非常推崇,对它作了较为深入的研究,其书法也多取法于《兰亭序》的洒脱飘逸、沉着流美,在俊逸飞扬中寻求晋唐古韵,于沉着洒脱中追溯王氏之源。从启功临陆继善的《兰亭序》摹本中,我们能体会到他临习古代名帖的独特手法以及他的书法作品中取法《兰亭序》的一些"底细"。

他曾经在《论书札记》中这样说道:"运笔要看墨迹,结字要看碑志。不见运笔之结字,无从知其来去呼应之致。结字不严之运笔,则见笔而不见字。"他对笔法和结体的要求在他的书作中得到了充分的体现,书写技巧有其独特的一面——他将墨迹和碑刻的突出优点进行融合,从墨迹中体会用笔,从碑刻中研

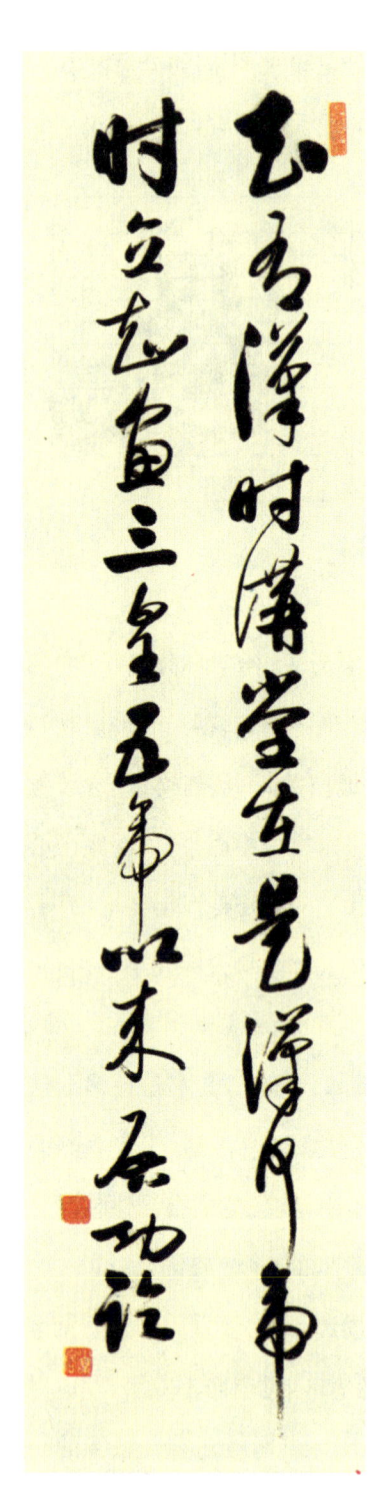

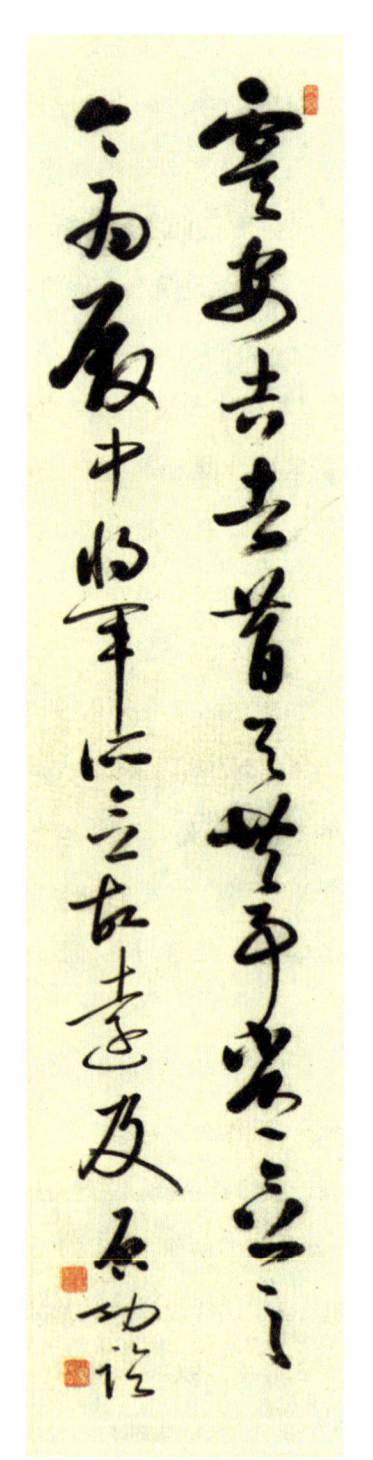

启功临《王羲之帖》

习结体。所以,此作也是启功精研结字和用笔的体现。启功所临此作,并没有依照原作的章法来临写,而多凭自己对原本字形及其内在精神的理解,综合自己的笔法特点和原帖两种不同的笔法特征,用自己独特的思维去临写的。依此而论,如果将启功众多不同时期的临帖作品分为三个阶段的话,这《兰亭序》应属于"中级临摹",因为体现的既不是他早年多求字形之似而少求其意韵的"初级临摹",又不是他于20世纪80年代以后风格既定求其神而不追求其形的"高级临摹"。这种状态的临摹当是一种熔铸的结合点。

启功把王羲之书法的结构美推向了一个新的顶峰。王羲之的字体基本上是端正的。中宫也有一点点紧缩,但不十分明显。启功在继承和研究中国历代书法的基础上,发现了王羲之字体的玄机,创造性地提出了中国书法的主体——汉字结构的"五三五"学说,打破了过去"上中下"三等分的传统说法。他创建了"回"字格的练字方法,代替了传统的"米"字格方法。我们常说的"启功体"就是指这个。截至目前,在中国书法史的发展过程中,启功在这方面所做的贡献,尚无人能与其比肩。我们绝不能小视这个发明的历史意义。它将对中国书法的发展带来不可低估的影响。启功的字形刚正、挺拔、险峻,他对点、按、提的运用达到了炉火纯青的地步,笔画与笔画之间、字与字之间的粗细长短、刚柔虚实对比较为强烈,字与字之间的穿插呼应很巧妙,有时显得很有趣。启功书法总体风格上属于崇尚唯美主义的"理性派",着眼于书法的造型与结构,偏重于静态的建筑美,如端庄精致的皇家楼阁。结构内紧外松,运笔潇洒,启功书法在秀美间透出一股刚劲之气,在线条结体之外更融入了自己的学识修养。这种书法之外的气质非长久深厚的文化素养的积淀而不可得。为了给书法学习者提供帮助,他还用回字格把《兰亭序》的每个字分解,使习字者加深了对每个字结构的理解,学起来得心应手,驾轻就熟。今天,启功体名扬海内外,他的作品成为人们喜爱、模仿、收藏的对象。

第三节

半生丹青

　　启功在世时,以书法家和学者名噪天下,因其书名掩过了画名,使得少有人知晓他在绘画上的成就。可以肯定地说,启功的绘画艺术被社会低估了。按照启功自己的说法,他认为自己的书法不如绘画,而绘画又不及诗歌。启功早年曾立志做个画家,也确实自小就在祖父的熏陶下学习绘画。大一点时,就郑重拜贾羲民、吴镜汀为师专业学画,青年时期还受到溥心畲、张大千、溥松窗、齐白石等大家的指教点拨。他取法乎上,勤奋好学,20世纪30年代已名噪画坛,50年代画艺已臻于成熟。启功的中国画是典型的中国文人画,有时虽被诟病为"不敢越雷池一步",但也正说明他的中国画是从"四王"的传统而来,饱含了中国文人的情怀和智慧。

启功作品《元白法古山水册》(之五)

他的山水画,取法南方画派一路画法,他的老师吴镜汀就是从王翚入手,涉猎宋元明清诸家,山水画作多细笔设色,清新雅致。启功在他两位老师的教导下不仅提高了画艺,在文史、书法、诗词、鉴定等各方面都受益良多。他的山水画功夫深厚,北人南画,在画境文心的南宗山水画风貌中又透露出一股刚健清新之气。

启功五六岁的时候,就接触到绘画艺术。当时虽不是正式学习,但其祖父作画时,经常让他在一旁观看,耳濡目染下,启功对绘画产生了兴趣,也激活了他绘画的潜质。发蒙以后,启功利用家里的便利条件,开始有目的地临摹古人的画。他家有一卷王石谷《临安山色图》的珂罗版照片,启功和其五叔祖曾一起用心临摹过。大约升入中学后不久,他便正式磕头拜贾羲民先生为师学习绘画。

到二十岁前后,启功的画在当时已小有名气了,在家境困难时,可以卖几幅小作品赚点钱,贴补一下家用。到辅仁任教期间,他还做过一段美术系助教,虽然后来转做大学国文的教学工作,但他一直没放弃绘画创作和绘画研究。抗日战争的后几年,他还受韩寿宣先生之邀到北京大学兼任过美术史教师。到了1949年前后,启功的绘画水平达到最高峰,在几次画展中都有作品参展,而且博得众人好评,如1949年前参展的临沈士充的《桃源图》,曾被认为比吴镜汀老师亲自指导的师兄所临的还要好,为此还引起小小的风波。又如1949年后,在由文化部主办的北海公园漪澜堂画展上,启功共有四张作品参展,都受到好评,后来这些作品历经波折辗转海外,有的又被人陆续购回。

拟古仿古是启功先生绘画创作的一个重要内容。在启功存世的山水画中有许多这类作品,如《拟元人笔意》《拟元人小景》《拟黄鹤山樵笔意》《仿石涛》《仿蓝瑛》《元白法古山水册》等等。

启功的画属于传统意义上典型的文人画,其意并不在写实,而是表现一种情趣、境界。中国的文人画传统历史悠久,它主要是要和注重写实的"画匠画"相区别。后来在文人画内又形成客观的"内行画"和"外行画"之分,"内行画"更注重画理和艺术效果,"外行画"不注重画理,更偏重表现感受。启功在《谈诗书画的关系》一文中,曾提出这样的观点:(元人)无论所画是山林丘壑还是枯木竹石,他们最先的前提,不是物象是否得真,而是点画是否舒适,换句话说,即是志在笔墨,而不是志在物象。物象几乎要成为舒适笔墨的载体,而这种舒适笔墨下的物象,又与他们的诗情相结合,成为一种新的东西。

启功在此文中还说:到了八大山人又进了一步,画的物象,不但是"在似与不似之间",几乎可以说他简直是要以不似为主了。鹿啊,猫啊,翻着白眼,以至

启功绘画作品《略师黄鹤山人法》　　启功绘画作品《梅花道人渔父图意》

鱼鸟也翻白眼。哪里是所画的动物翻白眼，可以说那些动物都是画家自己的化身，在那里向世界翻白眼。

启功之所以中断在绘画上的发展，大抵是因为协助筹办中国画院而引起的风波。由于政治运动，启功和画院院长叶恭绰都被打成右派。这对启功无异于当头一棒，对他想成为一个更知名的画家是一个严重的打击，从此以后绘画事业停滞了很长时间。"文化大革命"拨乱反正后，启功终于可以正大光明继续画画了，但这时他的书名远远超过了画名，很多人甚至都不知道他原来是学画的出身。那个时候，跟他索求书法作品的人如过江之鲫，启功找不出时间静下心来画画，即使有时间，心里也有负担，不敢画：这"书债"都还不过来，再去欠"画债"，还活不活了？启功挚友黄苗子先生曾在一篇文章中写道："启先生工画，山水兰竹，清逸绝伦，但极少露这一手，因为单是书法一途，已经使他尝尽了世间酸甜苦辣；如果他又是个画家，那还了得？"所以，"文革"后启功真正用心画的作品并不多，这也是如今为什么很少能够看到启功绘画作品的原因。

第四节

诗以言志

启功爱读诗,爱写诗,一生创作了很多诗歌。20世纪80年代后,他陆续出版了《启功韵语》《启功絮语》《启功赘语》近七百首诗,后中华书局把它们合并到《启功丛稿》"诗词卷",北京师范大学出版社又出版合卷的注释本,定名为《启功韵语集》。

启功在古典诗词方面造诣很深。幼时,他随姑姑学识字,由于天资聪慧,悟性极高,很小已明白字有平声仄声。之后,祖父毓隆发现小启功对诗词表现出很大的兴趣,于是就教他背诵古典诗词。小启功也很争气,每每背诵诗词的时候,他都是音韵铿锵,很有节奏感,就连科举出身的祖父都感到十分震惊。渐渐地,启功知道了写诗要押韵、要讲究平

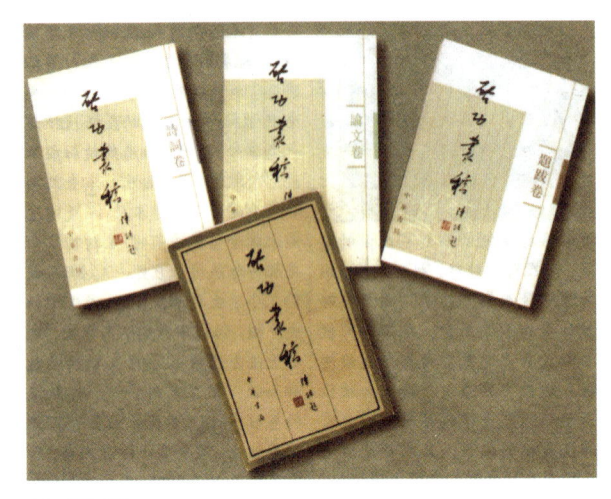

《启功书稿》　　　　　　　　　　　　　　　《诗文声律论稿》书影

仄这样一些基本的诗理。不到二十岁,启功即经常参加同族长辈和诗坛名士溥心畲、溥雪斋等人主持的笔会,切磋学习诗词。此时他的诗词创作已崭露头角。后来在辅仁大学任教期间,他常在陈垣校长的鼓励下与师友唱和。1949年以后,启功在治学、授业、诗画之余,常就生活中的人物、事件、器物、风景等抒发情感,创作了许多生活气息浓厚、感情真挚的诗句。

一般的读者初读启功先生的诗作,会觉得他的诗非常平淡,并没有大悲大喜的情绪在其中。不过,这是由于这些读者对启功先生了解不够的缘故。古人云:"诗言志。"这个"志"应该是心之所至、情之所系。因此,好诗除了形式上的完美外,更重要的是抒发真情实感,传达独特、深切的人生感悟。启功的诗词,尤其是其晚年所作,"功力深厚,风格鲜明,完美地运用了古典诗词的固有形式,巧妙地运用了现代新词语、新典故以及俚语、俗语,形成了他的诗词的独特风格,充分体现了新时代的特点,为古诗如何继承与创新树立了良好的典范"。

启功的诗作还各体兼备,风格多样,足见他在探索诗作的革新,为中国诗歌的发展寻求出路。

启功先生有极深厚的旧学修养,言谈举止无不透露出传统文化的醇正气息。这与他很小的时候就开始学习古典诗词有直接关系,正所谓"腹有诗书气自华"。

启功非常喜爱古典诗词优美的格律。他曾经说过，从小喜欢诗词，并不是因为它的文字，而是它的韵律。汉语诗歌具有音乐性，从广义上说，中国的诗歌始终是一种音乐文学，而不仅是案头文学，最初的诗三百、乐府以及后来的宋词、元曲都是可唱的，而且很多唐诗也是可唱的，称为"声诗"，而其他的诗也是可以吟诵的。体现在诗歌的创作上，就必须严格遵守古诗，特别是律诗固有的原则。

启功还认为诗词创作必须要反映现实、表现生活，但在形式上应该"百花齐放"，没有一定之规。就事论事、直抒胸臆是一种方式，寄托、比兴也是一种方式。两种方式因人而异，因事而异，不能说哪种优于哪种。启功诗词的特点是不太直接地叙写时事，不太就事论事，而要把它化为一种生活感受和思想情绪，写的时候更多地采取寄托、象征的手法，也就是借助写景咏物等手法来委婉含蓄地加以表现和抒发。

启功主张"我手写我口"，说得更明白、更准确些是"我手写我心"，即一定要写出真性情，真我。诗的最高境界是："佳者出常情，句句适人意。终篇过眼前，不觉纸有字。"让读者不必在文字上费功夫就能领略作者的情意。总而言之就是要做到诗中有我，正像启功自

启功书法作品《杜甫诗》

145

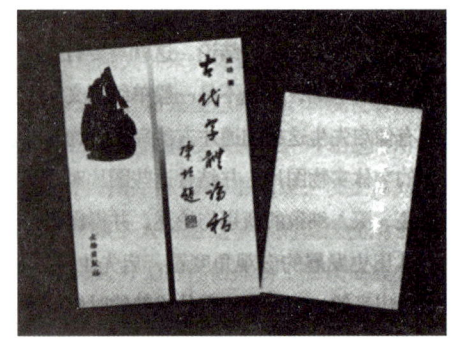

《汉语现象论丛》书影　　　　　　　　　《古代字体论稿》书影

嘲的那样——"油入诗中打作腔",他以能表现自己的这个特点为能事,使人一看就知道这是他的诗,并不因为别人说他的诗是"打油诗"而感到不满。这就是"我手写我口"——把自己的个性表现出来。

如调侃眩晕症的《转》:"别肠如车轮,一日一万周。"昌黎有妙喻,恰似老夫头。法轮亦长转,佛法号难求。如何我脑壳,妄与法轮侔。秋波只一转,张生得好逑。我眼日日转,不获一雎鸠。日月当中天,倏阅五大洲。自转与公转,纵横一何稠。团圞开笑口,不见颜色愁。转来亿万载,曾未一作呕。车轮转有数,吾头转无休。久病且自勉,安心学地球。这种将天旋地转的病痛与地球自转比附的独特写法,细细读来,如果读者也得过美尼尔氏综合征,肯定会会心一笑,心中赞叹。

再比如,他晚年重病时写下的两阕《沁园春·病》:"细雨清晨,透户风寒,汗出如浆。觉破房倾侧,俨然地震,板床波动,竟变弹簧。医嘱安眠,药唯镇静,睡醒西山已夕阳。无疑问,是糊涂一塌,粪土之墙。病魔如此猖狂,算五十余年第一场。想英雄豪杰,焉能怕死,浑身难受,满口'无妨'。扶得东来,西边又倒,消息未传帖半张。详细看,似阎罗置酒,敬候台光。"

当启功一次次面临病痛的折磨、死神的威胁时,他没有畏缩和恐惧,反而以乐观的态度淡然处之。更令人敬佩的是,启功还能把自己在鬼门关前徘徊逡巡的体验写成诗歌,面对病魔毫不在乎,抒发生命强烈的热度,表现出非凡的乐观和豁达。启功的诗集《启功韵语》《启功絮语》和《启功赘语》中,有很多描写生老病死的诗作,不矫揉造作,不刻意掩饰,不虚情假意,充分表现了他最真实的人生体验。这样的诗人,这样的作品,对生活、对生命有着足够感悟的人们谁会不喜爱呢?

　　细细品读启功的诗作就会发现,他的诗在很大程度上诠释了他自己关于"继承与创新"的辩证创作观,不但对仗押韵极为整齐,格律严谨工整,而且语言典雅优美,意境深远含蓄,具有极为浓郁的古典风韵。这与其极深厚的旧学修养有关,扎实的国学功底,对他的诗歌创作有着莫大帮助,也令读者深深沉醉于其诗的韵味之中。其论诗史"唐以前诗次第长,三脱气壮脱口嚷。宋人句句出深思,宋以后人全凭仿",即与胡应麟《诗薮》外编卷六"唐人诗如初发芙蓉,自然可爱。宋人诗如披沙拣金,力多功少。元人诗如镂金错采,雕绘满前"的表达有相近处,内容却更精粹、全面。其脍炙人口的《自撰墓志铭》中有云:"六十六,非不寿。"其首二句为"中学生,副教授",启功四十六岁时即评为教授,后因戴上"右派"帽子降为副教授,六十八岁时恢复为教授,则六十六岁时确为副教授,则此铭或确作于六十六岁,"六十六,非不寿"二句或确非凑韵之语。宋人王明清《挥麈录》前录卷二:"本朝名公多厄于六十六,韩忠献、欧阳文忠、王荆公、

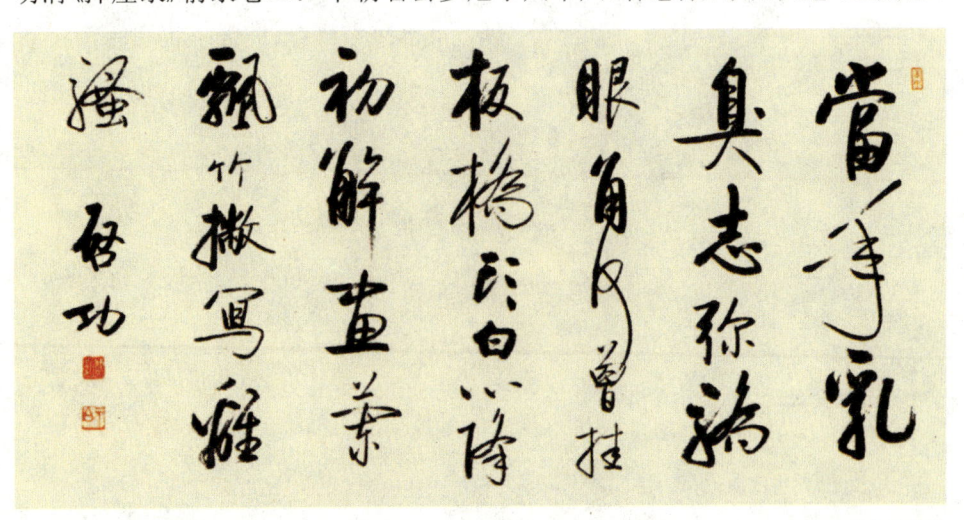

启功书法作品

苏翰林,而秦师垣复获预其数,吕正惠、吕文穆亦然。"则纪实之句而复为用典之语,亦正未可知。中央电视台《东方之子》采访他时,上来就列举一连串头衔,他却用一句话轻轻拨开了那所有的桂冠,"这叫此地无朱砂,红土子为贵",言谈雅致极了。而《闲情偶寄·词曲部·音律第三》中有"地乏朱砂,赤土为佳"之语。古今文人的诗心真是灵犀相通的!

启功的诗歌,追求的是一种真情实感,因此他注意在创作时贴近现实生活。启功也非常强调个人的创新意识。他认为,创作诗歌就应该把继承传统和勇于创新结合起来。继承,就是在创作旧体诗时无论形式还是音韵都必须符合古典的那一套格律,否则,旧体诗也就不复为旧体诗了。创新,就是现代人写诗不要完全落入旧体诗的窠臼,要写出现代气息,要在创作风格上体现出新的特点。当社会上出现了新的词汇时,他往往能自觉地进行更新,寻求遣词造句上的变化。所以,启功的诗作读上去总是那么朝气蓬勃,具有鲜明时代气息。这个特点在启功的那些带有调侃、戏谑味道的诗歌中表现得尤为明显。

第五节

著作等身

　　除诗人、画家、书法家的光外,启功先生还是一位博学广识、成就卓著的学者。他一生教授古典文学和古汉语,对古代文学、史学、经学、语言文字学、禅学等都有深入而独到的研究,留下了一批富有教益、启迪后人的研究成果。

　　1953年,人民文学出版社决定出版《红楼梦》程乙本。经俞平伯先生推荐,启功凭借自己深厚的文史功底为这部文学巨著做注释。俞先生说:"注释《红楼梦》,非元白不可。"在为《红楼梦》做注释的过程中,启功写下了《读〈红楼梦〉札记》。《读〈红楼梦〉札记》和他注释的《红楼梦》程乙本,位列红学研究的必读书目。在这两本书中,他对照自己所熟悉的旗人上层社会文化生活,从朝代、地名、官职、称呼、服饰、礼仪等方面，揭示了曹雪芹运真实于虚幻的艺术手法。

他不仅从事书法创作实践，而且对书法理论深有研究，形成了自己独特的观点。他对我国古代著名碑帖进行过广泛而深入的考辨，写下了大量的专业论文，对书法史和碑帖史的研究可谓居功至伟。他的《论书绝句一百首》，以一诗一文的形式，系统总结了自己几十年研究书法的心得体会，在书法界具有广泛而深远的影响，被公认为"既是一部书法史，又是一部书法研究史"。他的《论书绝句》和《论书札记》被学界誉为书论经典。启功的书法思想因其独到的创新精神，被称为"启功书法学"，被书法界公认为权威书法理论。

在碑帖之学上，启功开拓了新的研究方法，启功作诗论曰："买椟还珠事不同，拓碑多半为书工。滔滔骈散终何用，几见藏家诵一通。"一改以往名家学者，如叶昌炽、翁方纲等研究历代碑帖只重形式，不重内容；只知书法，而略其辞章之习。启功关于碑帖鉴定与考证的专文，主要有《〈急就篇〉传本考》《〈平复帖〉说并释文》《〈兰亭帖〉考》"绝妙好辞"辨》《孙过庭〈书谱〉考》《旧题张旭草书古诗帖辨》等，其他的碑帖鉴定则

启功书法作品

多散见于书画题跋中。

在诗词创作实践的同时，启功还对古典诗词发表了很多精辟的见解，从理论上对诗词创作进行了深入的探讨。他在《诗文声律论稿》中精辟地归纳了旧体诗的格律，借以诠释古典诗歌的语言艺术，探索诗体的革新，为中国诗歌的发展寻求出路。以下是启功出版的部分重要著作，基本代表了他在古典文学及艺术方面的学术成就：

1953年，他注释的《红楼梦》程乙本由人民文学出版社出版。

1957年，《关于法书墨迹和碑帖》发表于《文物参考资料》1957年第一期。《敦煌变文集》（与王重民等合编）由人民文学出版社出版。

1964年，《古代字体论稿》由文物出版社出版。

1977年，《诗文声律论稿》由中华书局出版。

1981年，《启功丛稿》由中华书局出版。

1985年，《论书绝句》由商务印书馆（香港）出版。《启功书法选》由人民美术出版社出版。

1986年，《书画鉴定三议》发表于《文物与考古论集》由文物出版社出版。《书法概

启功书法作品

论》(主编)由北京师范大学出版社出版。

1989年,《启功韵语》由北京师范大学出版社出版。

1990年,《论书绝句一百首》由北京三联书店出版。《说八股》由北京师范大学出版社出版。《启功草书千字文》由中国和平出版社出版。

1991年,《汉语现象论丛》由商务印书馆(香港)出版。

1994年,《启功絮语》由北京师范大学出版社、虚白斋(香港)出版。

1995年,《论书绝句一百首》由荣宝斋出版社出版。

1999年,《启功赘语》由北京师范大学出版社出版。《启功丛稿》经修订增补后,分《论文卷》《题跋卷》《诗词卷》由中华书局再版。

2000年,《读〈论语〉献疑》发表于《文史》第五十辑,由中华书局出版。《启功三帖集》由北京师范大学出版社出版。

2002年,《诗文声律论稿》(修订版)由中华书局出版。《启功人生漫笔》由同心出版社出版。

第七章

鉴定『国宝』

JIANDINGGUOBAO

启功自认『鉴定古董和书画』是自己的『看家本领』。这是启功颇为看重的一项本领。他曾不止一次地说："无论是书法、绘画，我自己觉得最拿手的只有一项，那就是看古董与鉴定书画真伪。"

第一节

七人小组

启功晚年,做得最多、最重要的工作当属鉴定"国宝",而他本人,也是公认的文物鉴定"国宝"——国宝级专家。

启功自认"鉴定古董和书画"是自己的"看家本领"。这是启功颇为看重的一项本领,他曾不止一次地说:"无论是书法、绘画,我自己觉得最拿手的只有一项,那就是看古董与鉴定书画真伪。"究其原因,是因为鉴定古代书画实在是太难的一项工作,换别人还真不行。故宫博物院书画鉴定权威王连起研究员长期受教于启功,他曾讲过一个有趣的故事:文物出版社、北京师范大学出版社在启先生晚年出版《启功书画集》这一巨册,这两家出版社的业务水平自不待言,与启功的关系更是非常紧密,书籍的编纂肯定是精益求

国家文物局书画鉴定七人小组合影

精。可是，书拿到手后，他发现封面上的一张启先生作于20世纪40年代的画作竟然是赝品，便兴冲冲地去向启先生禀告，孰料启先生并不认同，反问其所据。王连起研究员根据多年对启功绘画的研究，如此这般地说出了一、二、三、四几条理由。受其"启发"，启功再作辨认，居然真的首肯了他的伪作说！这一方面说明社会上针对启功作品造假泛滥的事实，另一方面也说明造假者的水平之高。想想看，连自己的作品都未必能一眼看准，何况千年之前的古人之作？书画鉴定，着实不是一件简单事，只有极深厚的学养和跨越多种学科的复合型的"通才"才能胜任。

自古以来，搞书画鉴定与收藏的学者不少。如高士奇、吴荣光等，以书画著录的形式留下鉴定心得；如项元汴、梁清标等以书画题跋为后世留下鉴定线索；也有少量的鉴藏家留下关于书画鉴藏的论著，如米芾、阮元等，但真正在书画鉴定方面构建科学、完整理论体系的学者，则是在近现代以后才开始出现的。启功和张珩、徐邦达、谢稚柳、刘九庵、傅熹年、史树青、杨仁恺、苏庚春等书画鉴定名家一起，为现代中国书画鉴定学的形成、发展与理论体系的构建，作

1986年3月，国家文物鉴定委员会成立大会后，启功和部分专家合影

出了杰出贡献。

启功年轻的时候，因为各种原因，广泛涉猎中国传统文化，近距离接触过历代书画珍品，对篆刻、碑帖等艺术做过细致研究。由于其自幼学习，书、画皆精，一生搜集很多书画作品，熟谙书画笔法，又在文史研究方面卓有建树，因而形成迥别于他人的书画鉴定学体系。启功在学术方面，曾师从著名史学大家陈垣精研文献考据，治学严谨。他在史学、文学、古文字学、文献学、版本学、金石学、诗词学、红楼梦学、碑帖鉴定学等方面都有很深的造诣。正是因他具有这些其他书画鉴定家无法超越的学术底蕴，使他在书画鉴定学方面形成自己的特色：广征引，博闻见，文献考据与书画实物相印证，主观经验与客观依据相结合。这些都奠定了他在书画鉴定方面的权威地位。

启功第一次接触文物鉴定工作，是在20世纪40年代。抗日战争胜利以后，一大批珍贵文物突然出现在北京。当时一些文物商将1924年溥仪被逐出皇宫时偷运到长春后流散在社会上的一批古代书画集中收购，运回北京高价贩卖。当时的故宫博物院得到这个消息，决定收购这批文物。回收前，故宫博物院聘请了一批专家进行鉴定、甄别、选择，启功就是当时被聘请的专家之一。那时的启功还在辅仁大学美术系任教,在社会上已很有名气。他的恩师辅仁大学校长陈垣兼任故宫博物院理事和专门委员,辅仁大学教授沈兼士任故宫博物院文献馆馆长,在他们的推荐下,启功得以担任专门委员,在文物馆负责鉴定书画,在文献馆负责审阅和研究文献资料和稿件。同时,被聘为专门委员的还有戏剧理论家齐如山、戏剧活动家马彦祥、博物馆学家韩寿萱等。启功是最年轻的专门委员,除平时的研究和鉴定工作外,还经常参加一些大型书画鉴定的会议,对一些重要的作品作出甄别和鉴定,这种会议有更多的专家出席,如马衡、陈垣、沈兼士、张大千、邓以蛰、唐兰、胡适、徐悲鸿等都曾出席过。启功先生曾回忆:"这样的活动不仅大饱眼福,还可以亲手触摸翻阅,了解古代书画的装潢历史和制度,同时又可以获闻前辈专家们对一件作品的评判和议论。特别是遇到对某件作品产生不同意见时,相互间的辩驳,使自己获得千金难买的学问。如果遇有自己不理解的问题,就近向老前辈们请教,得到的答案仅仅是简单的几句话,便可使自己的疑难迎刃而解。"

文化部聘请启功为国家文物委员会和国家文物鉴定委员会委员的聘书

中华人民共和国成立后,政府成立了文物局,由郑振铎出任局长,启功继续担任故宫专门委员。当时文物局请了许多著名专家,但是不论已经请了谁来,一旦有文物需要鉴定,郑振铎都会坚定地说:"一定要把启功找来!"国家规定,古董商人手中的古书画不允许出口,许多文物便逐渐地汇聚到文物局来。在这期间,启功曾参与许多名字画的真伪鉴定。其中就有"三希堂法帖",当时

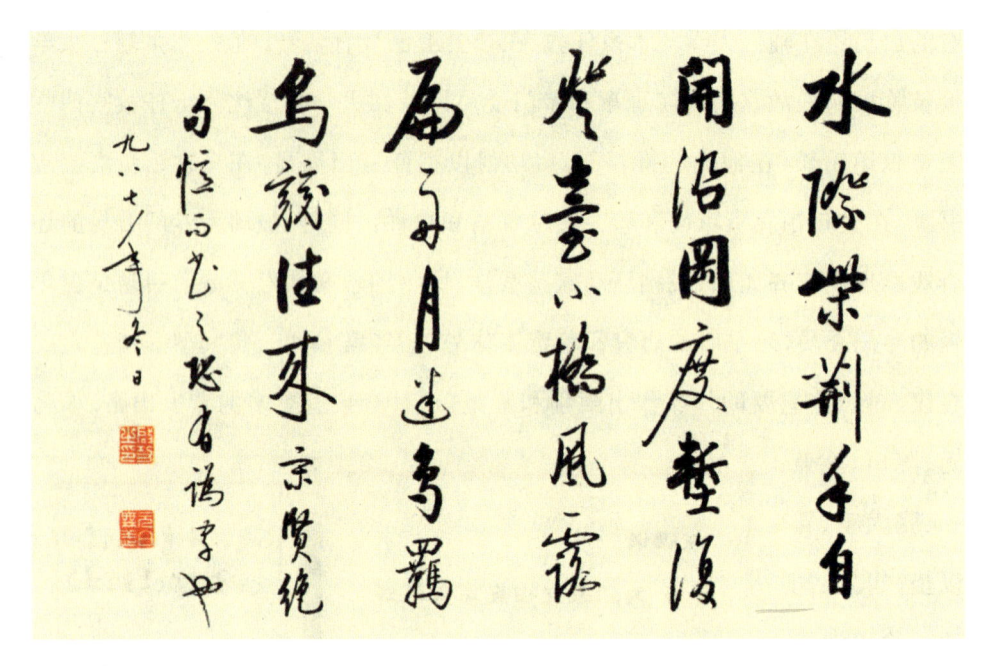

启功书法作品

"快雪"帖在台湾,"中秋""伯远"帖在北京。启功发表意见,将"伯远帖"哪笔在前,哪笔在后讲得清清楚楚,判定为真迹无疑,而"中秋帖"当是米元章所临,而台湾的"快雪帖"当是唐人的双钩廓填。

启功真正因书画鉴定而闻名,还是在"文革"以后。中华人民共和国成立后,尤其是"文革"中,国家和民间许多珍贵的文物或被销毁,或流失国外,中国的文物界遭受了巨大的损失,而文物鉴定工作也几乎停滞不前。"文革"以后,国家文物局为了推进文物管理工作,于1983年成立了中国古代书画鉴定组,主要鉴别北京以及全国其他大城市博物馆所收藏的古代书画的真假,任务繁重,责任重大。鉴定组由国家文物局聘请的启功、谢稚柳、徐邦达、刘九庵、付熹年、杨仁恺、谢晨生七位专家组成,通常也被叫作"书画鉴定七人组"。

在鉴定组最初成立的时候,曾经有人力推启功先生担任鉴定组的组长。启功认为鉴定组的发起人是谢稚柳先生,所以组长最终还是推选谢稚柳先生来担当。在谢稚柳先生的带领下,七人小组奔赴全国各地的博物馆进行文物鉴定,做了大量实际、有效的工作,使一些被埋没的文物及时得到了发现和保护,同时,也甄别出一批赝品。

这七个人在当时都是国内的顶级专家,然而他们的鉴定风格和流派却不尽相同,有的差别甚至还很大。在具体鉴定工作中,就难免出现"公说公有理婆说婆有理"的情况,鉴定结果有时也大相径庭。鉴定组中,名气最大的要属启功和谢稚柳这两位,他们的鉴定结果就出现过相左的情况。启功在鉴定文物时,特别注重对文献的考订,常常通过文史资料来互相验证;谢稚柳先生是画家,更看重书画创作规律的表现,对书画鉴定有着自己的一套心得和理论,所以他在进行文物鉴定的时候,书画自身的规律,像画家的经历、个性,画家的时代意识以及画家的创作首发等是他的侧重点。在鉴定唐朝书法家张旭的《张旭古诗四帖》时,启功和谢稚柳先后鉴定,结果却是一个看假,一个看真。启功鉴定时,从避讳、文献学等方面入手,得出的结论是,这部帖子是1012年(北宋真宗大中祥符五年)以后的作品,不可能是张旭的真迹;谢稚柳先生的鉴定则从书画规律和风格入手,最终得出是张旭真迹的结论。这件事与上文中开头的故事一样,说明古代书画鉴定工作殊非易事,一般人根本无法染指。

第二节

日常功夫

文物鉴定，依托的是无可辩驳的专业知识和丰富渊博的深厚学养，绝不是空穴来风，更不是信口开河，否则，即使名头再响，也无法做好这项工作。启功曾经说过，鉴定书画真伪的"看家本领"，很大一部分原因得益于其"看多熟记了、比较有别了、实践领悟了"。就好像涉足收藏的人，欲收藏真品，一个基本前提就是必须对收藏的对象有较为全面透彻的了解，这也就是为什么收藏爱好者要多去博物馆看收藏标本、多看国内一些大型拍卖会的展品、多参观大收藏家们收藏的精品的主要原因。真品看多了，了解全面了，记忆深刻了，于是，当真伪藏品混杂在一起时，便立马能够精准定位。"不比不知道，一比吓一跳"，哪怕仿得再好的藏品，都会有不经意露出的破绽和不懂行造成的缺憾,且永远逃不过鉴定行家的"火眼金睛"。

　　1927年,启功小学毕业后考入汇文中学,拜贾羲民先生为师学画。贾先生除了手把手教他绘画理论和笔法,为了让他更多地观摩借鉴名家作品,开阔眼界,还经常带他去故宫参观书画展览。故宫博物院展出古代书画的初期,每月的头三天为优待参观的日子,门票由一元降到三角,而陈列品也集中在这个时间统一更换。启功回忆说,当时几个主要的馆的展品直接挂在墙上,或摊展在桌子上,观众可以近距离欣赏。许多名画,如范宽的《溪山行旅图》、郭熙的《早春图》等都是那个时期贾先生带他看过的。有时贾先生和一些书画前辈一边看一边评论,启功跟在旁边,虽然插不上话,但默默记下了这些知识。

　　启功平素里非常注重搜集与书画鉴定相关的材料、文献和书籍等。其中,碑帖的考订及其研究是其强项,也是其对书画鉴定的突出贡献之处。启功自言年二十余,获观《宋拓淳化阁帖》(泉州本影印本),并以王若霖阁帖考正、沈子培寐叟题跋考之,知为宋拓泉帖。一日谒铜山张勺圃先生,谈及阁帖,因举此泉本,先生大加叹许,"自此每进而教之","功之略闻法帖源流,实自兹始",因此,很早便表现出对碑帖有浓厚兴趣与超常考鉴能力的启功在其一生中,对碑帖的考订、鉴别、研究一直成为其学术生涯的重要组成部分。

　　不懂就问,向专家学习,是启功学习鉴定知识的常态。他在故宫博物院负责鉴定书画时,得以有机会观摩大量故宫收藏的书画资料。在鉴定一些书画时,不明白画边上钤有"察司半印"的原因,便写信向当时著名的金石专家马衡请教。马先生郑重地给他回信,详细讲述了明清时期掌管古代书画的职官司礼监、典礼司、典礼纪察司的更替沿革后指出:"颇疑钤有此项半印之书画,皆由查抄而来,其右半当钤于登记册中。"

　　除了跟随老师和方家学习,启功也一再强调书画鉴定不能忽略民间"专家",他年轻时经常到老北京的琉璃厂"逛"古董铺,跟那些人品业务俱佳的掌

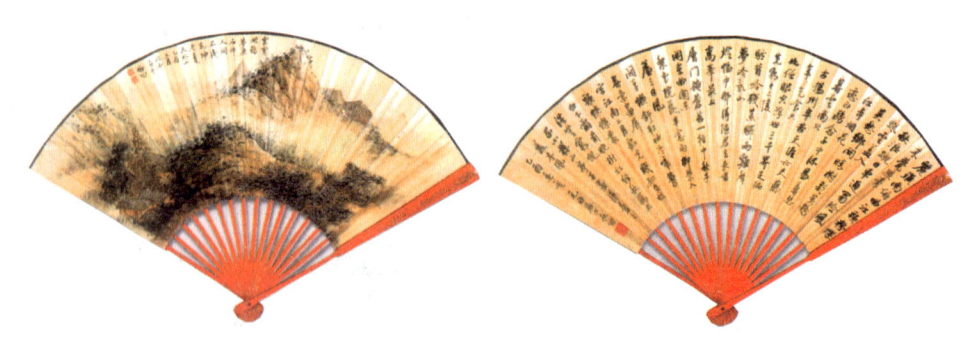

启功仿石涛山水书法扇面

柜、师傅学到许多,他称赞他们是真正的行家,并且实践经验丰富。启功回忆说:"'贞古斋'的老板苏惕甫先生人品特别好。我常到他的铺子去看画。有一回我看到一张,觉得非常好,连连称赞,准备攒钱买下来,但苏老先生却告诉我'这张是假的,屋里那张才是真的',并大致说了一下原因。这对一个古董商来说真是不容易。他觉得我'孺子可教',就告诉我实情,教我一些知识。他的店堂里挂着上书'贞固'两个大字的牌匾,是铁保所书,他的人品可当得这两个字。"

启功还讲述过一位李孟冬先生,他原是专卖古代碑帖的琉璃厂"隶古斋"的学徒,后来与人合开了一个"二孟斋",最后做了宝古斋的总经理。他的知识面很宽,不但懂得碑帖,也懂画会写。他曾临摹过一卷于右任记载其伯母事迹的帖,把原作和临摹稿放在一起,居然很难辨出真假,这些本领远非一般开古董店做生意的人所能及。有些画,古代的画家常因为应付,随手一画,在别人看来可能不怎么样,甚至误认为是赝品,但懂行的人却能判断真伪,知道它的价值。启功回忆道:"有一回他从外地用低价买了一张倪云林的画,画面很潦草,拿到故宫后,徐邦达一看就拍板决定购下。于是他卖了个好价钱。这位老板还写得一手好字,我常到他的店里,时间一长就成了知己。他店里有些唐人写经,他常边指点边讲解哪块好,哪块不好,有时还送我一些残块。遇到我想要的东西,他常低价卖给我,还经常告诉我哪里可以买到物美价廉的东西。"

早年,启功喜欢收藏书籍,身上有了几块钱就会到旧书店去淘几本书,有时去琉璃厂卖自己的画,拿了钱,也常直接到对面的旧书店买书。启功说:"有时我挑好了一部书,老板或伙计就告诉我:'这是八卷本的,不全,那边还有十卷的,是某某版的足本,价钱也不贵,你为什么不买那套呢?'这种不以挣钱为唯一要义,诚实中肯待人的态度真令人感动。"启功说:"那时候,隆福寺的孙仲连就是这种人,他虽是卖书的,但把我们这些买书的当成小弟弟、小学生那样热情地对待,帮我们挑书。我现在的这些版本学、目录学知识很多都是那时积累的。总之要想搞好鉴定工作,必须善于向一切懂行的人学习。"

第三节

结缘故宫

启功一辈子,与故宫结下了不解之缘。他在人生的各个阶段,或者在故宫观摩学习,或者整理、鉴定文物,又或者开坛授课带学生。他为故宫博物院的发展作出了很大的贡献。

1924年,清宣统皇帝溥仪被逐出宫,由社会名流组成"清室善后委员会",清点各种文物后成立了"故宫博物院",公开展出各种藏品,包括历代书画。紫禁城,由一座皇帝的私人宅邸变成了普通大众游览参观的文化重地。在青少年时期,启功就与故宫博物院结缘。他经常跟随绘画老师贾羲民先生参观博物院的各种文物和书画,几乎每个月都去一次。启功珍藏有贾羲民先生的一页笔记,记下了己巳年重阳节(1929年11月11日)贾先生带他去参观钟粹宫和上书房展出的书画时的情景:"己巳重九,与许翔偕启元白同观清内府钟粹宫及上书房各处书画,辞楼下殿,尽态极妍,恐后争先,顾此先彼。因与元白各出纸笔摘录原题梗概,半日辛苦,颇形疲惫。寓后默记经过,分析录出,以志眼福之幸。"笔记还记录,当天师生三人共过眼山水立轴22件、人物画9件、花卉12件、册页15件、手卷3件,可谓大饱眼福。故宫这个大课堂,让启功先生受到了初步的教育和锻炼,学会了对书画的比较和判断,为后来的书画鉴赏打下了基础。

启功曾说:"故宫是我学习的好课堂。"按他的话说,"看过的书画数以十万计,见过的东西绝对超过任何古人"。而尤其是"在临摹或观看过程中,老先生们你一言我一语评论馆内藏画,这是真的,那是假的;这幅为什么真,那幅为什么假",耳濡目染间,日积月累中,自让他懂得并熟记了许多鉴定古书画的知识。随着鉴定古书画知识的不断积累,启功左右逢源、举一反三,鉴定古书画水平的日臻提升当是水到渠成、瓜熟蒂落的。

中华人民共和国成立后,启功先生留任故宫博物院专门委员,继续为故宫博物院的管理和保护贡献力量。他对故宫的事非常认真,不仅在文物鉴定、学术研究上无私奉献,还为回收珍贵文物尽心尽责。1994年,原北京辅仁大学一位友人王方宇给启功写信称,他有一位美籍学生安思远,收藏有一部真正的宋代祖本《淳化阁帖》,拟在美国当地拍卖。启功先生得知此消息,非常高兴,他深知这是一件国宝,就决心设法让《淳化阁帖》回归祖国。他委托一位去美国开会的文物局干部,到美国一定要找到安思远,先说服他到中国来展出,然后再想办法收购。他对对方说:"一定要促成此事,不见《淳化阁帖》,我死不瞑目。"1995年,安思远果然带着《淳化阁帖》来到故宫,经启功先生与刘九庵等几位顶级专家仔细鉴定,从印章、题跋的流传有序,确定这部《淳化阁帖》就是祖帖。在启功和许多热心人士的帮助下,故宫博物院专门举办了"安思远先生珍藏中国文物展",启功出席了开幕式并剪彩。安思远回美国后,国家又派专人多次往返美国做安思远的工作,终于在2004年以450万美元拍回国宝。启功先生说:

"这是解放以来最重要的文物回归。"

1996年,一位东北老者携北宋词人张先的一幅画来北京拍卖。此图创作于800多年前,在画上可以看到清朝历代皇帝的印鉴,因画上题有十首诗而命名为《十咏图》,画风近似《清明上河图》。启功仔细鉴别后,认为此画为真迹无疑,当为1924年溥仪被逐出宫时以赏赐之名偷运出宫并流入民间的,具有很高的文物价值和历史价值。后此画又经傅熹年、徐邦达、刘九庵诸位先生过目,认定为真品,故宫逐以1800万元将此画购回。

2000年,启功受一位收藏家邀请,帮助他鉴别文物,后发现这位藏家有一件元代乃贤的书法手卷。启功认为这是一件重要文物,就想到请故宫回收。启功对他说:"这件文物非常重要,应该进博物馆,你要是能捐给故宫就好了!"先生一面动员藏家捐出,一面给故宫主持院务的朱诚如写了三页纸的长信,信中写道:"以其不仅有艺术价值、文献价值,且属祖国古代民族华化鉴证之一。以物之稀,故弥足珍贵也。"他还举证"陈垣先生所著《元西域人华化考》中有详细的评价"。他同时还给故宫博物院领导也发了同样内容的信。最终,故宫博物院听取了启功的建议,并在启功的帮助下,以低价从藏家手中收购了这件手卷。

2003年,故宫博物院欲出巨资2200万元,从嘉德拍卖公司购买《出师颂》。拍卖公司称作品为西晋大书法家索靖所书真迹,但有人质疑作品有问题,年代不对,还有人据此称博物院有"高买"之嫌,恐为拍卖公司与鉴定专家合谋,以抬高文物价格。此事闹得沸沸扬扬,故宫博物院请出启功和傅熹年、徐邦达、朱家溍共同鉴定。结论为此件《出师颂》不是西晋书家所书,实为隋朝的书法家的真迹,也是国家级的古代书法作品,值得国家收藏。启功解释说,他早年曾见过《出师颂》摹本,并作有论书绝句,肯定为"隋贤"所书,诗曰:"隋贤墨迹史岑文,冒做索靖萧子云。漫说虚名胜实诣,叶公从古不求真。"启功还明确说明,米芾同时代人黄伯思著的《东观余论》中,论证过《出师颂》是隋朝书法家的真迹,这有文献根据。宋高宗的御用鉴定师米友仁据此鉴定《出师颂》为"隋贤"所书,而且米友仁所书鉴定也是真迹，唐代人、明代人写不出这样的字。启功引经据典，无可辩驳，充分论证了此件文物的价值所在。

启功考察故宫博物院的藏品，在几年的考察鉴定实践中，他感到文物管理鉴别人才的缺乏，他认为从为国家文物的管理、鉴定、保护和利用诸方面长远考虑，应尽快培养人才。1995年，在故宫博物院建院70周年之际，他给故宫博物院领导写了一封题为《敬为国家文物机关收藏的文物书画去伪存真呼吁》的长信。信的中心意思是"当务之急，是加强鉴别力量，赶紧培养人才"。

启功先生自青少年时代开始与故宫博物院结缘，以后参与故宫博物院的事务，几十年来，对故宫的建设和发展关心备至，故宫博物院有大小事找到他，他都是"有求必应"。他在工作中为人谦逊、平易近人，热心指点和奖掖年轻后辈，他对故宫博物院的贡献将永载史册。

第四节

智者不惑

启功在书画鉴定方面，着力最深，用功最多，得出的理论观点及贡献也最多，这是后人学习文物鉴定的宝贵经验和理论基础。启功有对古代书画丰富的鉴赏积累，有在书画艺术创作方面的深厚素养，又能勤于和精于从"字画所提供的相关线索和资料中进行考证"，结合自己多年实践经验，他总结说："鉴定古书画要从用笔、落墨、构图、造型、立意以及诗、书、印的运用和纸质、墨料以及作者的习惯、风格等去辨别。每一次鉴定，脑子里都会跳出许多同类作品与之比较。"他还举例说，"比如唐宋用麻纸，明朝也有用琉球纸、日本洋纸的。但有的人用古纸作画以假乱真，有的人甚至将古画上的上款、下款、钤印分开来，然后巧妙地进行临摹补画。

仅从款、印分析,确实出于名家之手,岂料又是伪作?"

他的主要理论,可以归结为如下三点。

启功以其自身经验,将书画鉴定的次序总结为三点:首先是看风格习惯。"风格"是指时代风格和个人风格,"对风格的鉴赏和习惯的把握必须通过大量的阅读和观摩才能掌握,正所谓见多而识广,博观而约取"。启功在书画鉴定生涯中,经其法眼的书画数以十万计,他自己认为"见的东西绝对超过任何古人",因而能在此基础上看出各个时代的风格及一些主要书画家的个人风格。书画家的"习惯"也可以通过见识其大量作品总结出来。启功认为,"只要有敏锐的眼光眼力,再加上相应的艺术实践和一定的领悟能力就能捕捉到它"。其次是看纸墨,这是古字画之所以成为古字画的先决和硬件条件。启功认为,引入高科技的技术手段对笔画复制和识别、对化学元素检验和鉴定等尤为必要。但在还不能达到这些条件之前,经验和眼力也是必需的。三是看旁证,就是对字画所提供的相关线索和资料进行考证,"这就需要有广博的历史知识和文化素养,更不是一般人所能达到的"。

启功还提出,书画鉴定有一定的模糊度:关于书画鉴定有一定的模糊度的问题,启功只在《书画鉴定三议》之第一"议"中谈及,其第二"议"为《鉴定不只是"真伪"的判别》则是"模糊度"的进一步延伸。文章指出,鉴定古代字画的"真与伪"不能视为鉴定的全部内容。其次,古代"著录"中的名字画也在可凭信与不可凭信之间。再次,鉴定古代字画往往能在书画本身以外得到印证。在启功看来,"任何一位现今的鉴定家,如果要说没有丝毫的局限性,是不可能的",这种"模糊度"是由鉴定家的局限性所决定的。作为一个真正的鉴定家,应该抱着不断学习的心态来对待这种"模糊度"。启功认为,凡有时肯说或敢说自己有"不清楚""没懂得""待研究"的人,必定是一位真正的伟大的鉴定家。

为了深入阐述不能整齐划一的书画鉴定理论,启功从法书摹本、古画摹本、无款古画、拼配、直接作伪、代笔六个方面展开申述。条分缕析,言简意赅。

启功书法作品

他总结书画鉴定"不正不公"的原因,主要是世故人情。启功最初将其归纳为皇威、挟贵、挟长、护短、尊贤、远害、忘形、容众八个原因。后来,启功将其修正为七个原因,去掉"忘形"说。"皇威"是指历代皇帝所喜好、所认可的东西,鉴定师是万万不敢否定的,只能顺着皇帝的意思说;"挟贵"是指惧怕有权有势有钱的"贵人",人微言轻,说了不算或者不敢说实话,说"扫兴"的话;"挟长"是指碍于长辈或者老师的情面不便说出实情;"护短"是指在鉴定书画时,由于碍于情面,不愿指出同行的错误和舛误;"尊贤"是指对老前辈或者先人的结论性观点,即便是错误的,也不要指出来;"远害"是指因为利害关系,鉴定者不愿说出实情;"容众"是指为了所谓"团结",不得不容纳众人的意见,掩饰自己的观点;"忘形"是指在业内名气很大,很有成绩,由此就听不进别人意见,搞"一言堂",独断专行。这种以人情世故从人性角度出发阐述书画鉴定的理论观点十分新颖,又十分有说服力,真可谓是一家之言,令人信服。

启功以"董其昌代笔人考"来说明"模糊度"产生的原因,这个题目也是他在文物鉴定方面作出的独特、重要贡献。他说,在刚跟着贾羲民学鉴定之时,初见董其昌很多画,难以理解:明明是董其昌的落款,上面还有吴荣光的题跋,如《秋兴八景》等,但里面为什么有那么多的毛病?比如画面的结构不合比例,房子太大,人太小;或构图混乱,同一条河,这半是由左向右流,那半又变成由右向左流;还有的画面很潦草,甚至只画了半截。开始,启功认为这些画都是假的,或代笔的画手不高明。但贾老师告诉他,这并不全是假的,而是属于文人那种随意而为、信手涂抹之作。"特别是文人画,并没什么画理可讲。还有些画,可能是自己起几笔草,然后让其他画手代为填补,所以画风就不统一了,因此不能把他们一概视为赝品。"

他进一步说道:"书画的伪作与代笔不同。伪作是他人伪造某人之作,某人完全不知,也没有责任可负。代笔责任轻一些,是请别人代作,而自己承名,责任应由承名的人自负。"书画家出现代笔人,不外乎两种原因:其一是书画家自有本领，而酬应过多，一人的力量不足供求索的众多。其二是书画家原无实诣，或为名，或为利，雇佣别人为幕后捉刀。董其昌的代笔人的情况，是两种情况都有的。启功通过文献梳理与作品对比、考证，认为董其昌的书法代笔人有吴易（楚侯）、杨继鹏（彦冲），一些比较精湛的代笔画作则是赵左（文度）、沈士充（子居）所为，其他的绘画代笔人则有叶有年（君山）、赵泂（行之）、常莹（珂雪）、吴振（元振）等。但这些仅仅是已知的，正如启功所说："其未经发现者，尚不知凡几。"启功还认为，董其昌"以功力言，书深、画浅。所以他平生的作品中，书之非亲笔的，别人伪造为多，董氏的责任较轻；画之非亲笔的，代笔为多，董氏的责任较重"。此外，还有一些作品既非作伪，又非代笔，而是董其昌坐享其名的，即把别人的作品加款或加题跋而改为自己的作品。

论断如此明确，剖析如此缜密，在董其昌作品代笔的问题上，未见有前人如此研究过。

第八章

赤子之心

CHIZIZHIXIN

幽默，不只是一种性格，而是一种自信，一种修养，一种胸怀，一种境界。启功一生坎坷，却从不向命运低头，他无所畏惧，缘于看淡生死、不计名利，缘于性格的洒脱和心胸的豁达。

第一节

至纯至真

启功晚年特别喜爱一方古砚，上有砚铭："一拳之石取其坚，一勺之水取其净。"他多次书写这则铭文，并把自己的卧室兼书房命名为"坚净居"，自号"坚净翁"。坚韧如石、纯净似水，正是启功性格和为人的真实写照。

他对待学问认真，活到老，学到老，从十几岁到八十多岁，他天天临帖，几乎从未间断。即使在他声名显赫、自成一家之后，启功仍然不认为自己的字写得好，认为自己还需要学习提高。有人批评他小字精美，但写不得大字；又说他的字属"馆阁体"，变化太少。且不论这些批评是否得当，启功生前对这些都是虚心接受的，他甚至说自己的字算"大字报体"。与其认为这是启功谦逊，风格高，不如理解为这是启功

"士"的精神体现——他根本不在乎依附于皮囊之上的任何东西,更何况一个"书法第一人"的名头呢?他就是喜欢写字罢了,别人说的有益他提高,他就采纳,别人说的他不认同,他也不气急败坏大肆反击。当浮躁之气充斥书画界,一些人以奇为美、以怪为美、以丑为美的时候,他仍然坚守着自己的美学原则,认认真真、老老实实、一笔一画地写着自己的字。

他坚守工作原则。经常有人拿收藏的古代字画请启功先生鉴定,他说:"我只对国家文物鉴定委员会负责。"而对个人的藏品概不表态,因为古代流传下来的书画作品有许多情况不是"真"或"伪"两端就可概括的。但是如果有人违犯国家政策、危害国家利益,他也绝不沉默、放纵。当他发现有人冒己之名进行古书画鉴定,并在赝品上以他的名义题字落款,混淆是非,启功曾郑重地对记者说:"我对这种行为必须讲话,这与造我的假字不同,这是以我的名义欺诈别人,对这种犯罪行为,我要保留追究刑事责任的权利。"

他对待朋友真诚。改革开放之初,启先生应邀访问港澳。启先生和几位随同去一位香港工商名人府上访问。按照当地规矩,进门人家就有利市红包,每位一个,首先就给启先生一个红包。启先生没有硬性推辞,笑盈盈双手接下,口中称谢,随同也依样接下。在访问结束时,启先生来到主人家的佛龛前,口称吉祥,将红包献上。随同于是依样拜一拜,奉上红包。主人礼仪尽到,无话可说;客人不卑不亢,心中安详。皆大欢喜。

有一次,香港举办一场重要的书画拍卖会,启功担任专家顾问。其中有某名家的字画拍卖,有位朋友想买一幅。启功浏览一番,看见鱼龙混杂,朋友想要买的那件正是赝品。启功正在想如何找机会建议朋友别买,走到出口时却见那位朋友迎面走来,由于现场人很多,启功不好当面点破,便主动伸手和朋友握手。他紧紧握住,左右一摇,使了个眼色。那位朋友心领神会,心中了然,终未上当。

他对待恩人知恩图报。启功在成长过程中,得到了很多人的关怀和帮助。他始终铭记着别人对他的恩惠,当他有能力回报的时候,便不遗余力地报答那

"清白""正直"联

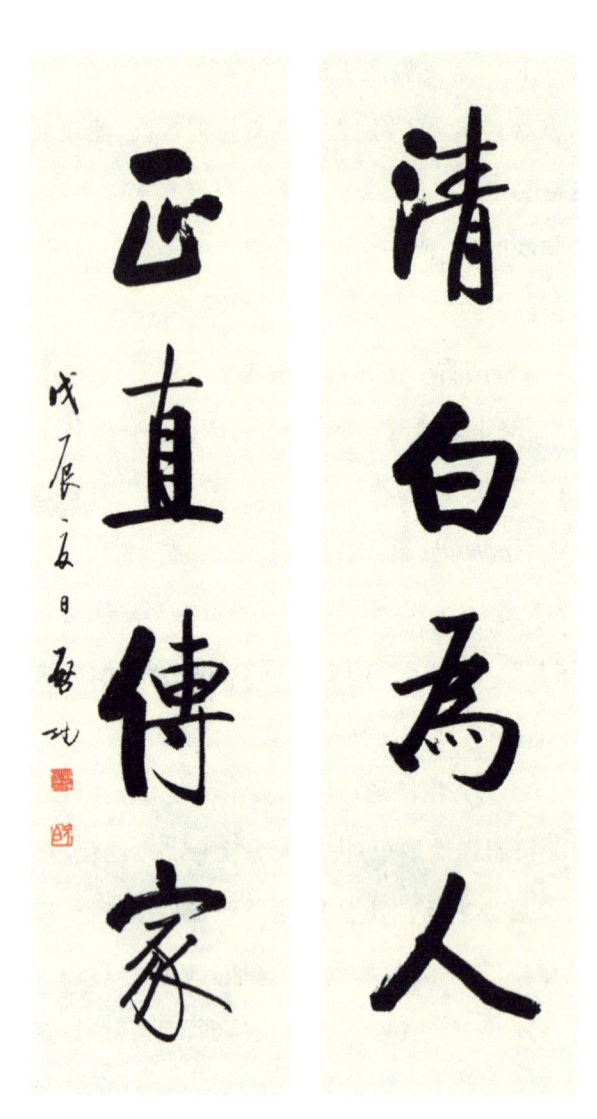

些帮助过自己的人,并把他的大爱洒向社会,尽力帮助那些需要帮助的人。1980年,北师大为了纪念陈垣校长100周年诞辰,举行隆重的纪念大会,启功主动承担起写会标的任务,每个字直径一米左右。启功不惧年近七旬,让学生把整张四尺的宣纸铺在不足两平方米的地上,由于家中没有写大字的抓笔,他把毛巾团起来制成一支特殊的抓笔,跪在地上书写。由于房间小,只能写一张晾一张,然后再写下一张。就这样,"纪念陈垣校长诞生一百周年"12个大字,整整写了一个上午。在一旁帮助扶纸的学生感动地问:"先生为何总是跪着写,多累啊?"他正色回答:"给老师下跪有什么不应该呢?"

"能与诸贤齐品目,不将世故系情怀。"这是启功先生写的一副对联,也是对"坚"与"净"的最好诠释。他就像纯洁的水一样,至纯至真,容不得一点杂质,润物无声,活得通透。

第二节

幽默豁达

　　幽默,不只是一种性格,而是一种自信,一种修养,一种胸怀,一种境界。启功一生坎坷,却从不向命运低头,他无所畏惧,缘于看淡生死、不计名利,缘于性格的洒脱和心胸的豁达。

　　有人来访,见到启先生就说:"您老精神真好,一定会长命百岁的。"先生立即反问道:"您姓阎吗?"问得来人一时摸不着头脑。先生又徐徐道来:"阎王爷才知道我能活多大,您怎么也知道?"说得来人与在座的都笑了起来。

　　启功有一次出席一个会议,席间,有人拿出一份作品,想请启功鉴定一下是不是赝品。启功看了一眼,说道:"此字不是我写的,但写得比我好,是伪而不劣;我的字是劣而不伪。"看见大家哄堂大笑，启功接着开玩笑说："这世界上面对我的字大体有三种人，有一种人是不认识我的人，他们对我的生死是无所谓的；另一种人是对我感兴趣，并已经拿到了我的字的人，他们盼我赶紧死；第三种人是对我感兴趣但还没拿到我的字的人，所以他们盼我先别死。"

20世纪80年代初，启先生创建北师大文献学博士点，并被评为博士生导师，简称"博导"。寒暄之际，好事者多称其为"博导"。先生总云："我不是那个博导，而是那个驳倒，一驳就倒，不驳也倒。"闻者在笑声中不由地联想到启先生所经历的几次风波。

启功外出讲学时，听到会议主持人常说"现在请启老做指示"，他接下去的话便是："本人是满族，祖先活动在东北，属少数民族，历史上通称'胡人'。因此在下所讲，全是不折不扣的'胡言'……"

一个博士生回忆，1991年1月17日，海湾战争爆发，这天正是他博士论文答辩的时间。答辩席上坐着北大及中国社科院的名流，他很紧张，手心出汗。启功第一个向他提问，问题却很突兀："打起来没有啊？"他答："打起来了！"全场哄堂大笑，气氛活跃起来，他也没那么紧张了，于是对答如流，顺利过关。

西泠印社在赵朴初逝世后，公推启功担任社长，此时启功已辞去中国书协主席之职。某年印社举行例会，启功与中国书协的某位继任领导共同与会。会上，启功发言，自然屡屡提及"西泠"如何如何，不料那位书协领导却在一旁好心地为启功纠错，小声说道："是西泠呀。"启功应声道："你泠，我不泠。"

一位画商到启功家叩门拜访，想得到老人一件墨宝。但此商人声誉不佳，启功早有耳闻，便走近廊前，打开灯后，隔着门问商人："你来做什么？"商人说："来看您。"启功贴近门窗，将身体从不同方向一一展示给对方看，然后说："看完了，请回吧！"画商有些尴尬，嗫嚅着说："我给您带来一些礼物。"老人幽默地说："你到公园看熊猫还用带礼品吗？"

一位空军高级将领派秘书前来求字，秘书开门见山摆明来头，说明背景，提出要求,其气势也汹汹,其言语也强硬。启功听他说完,正儿八经问那秘书:"我要不写,你们会不会派飞机来炸我?"秘书一愣,摸不着头脑,连忙说:"哪里,哪里。"先生接着说:"那好,那就不写了。"对待权贵启功不以为然,对待群众的索求,他倒是毫无架子,经常赐以墨宝。一名负责学校电话维修的维修工,也喜欢启功的字,只是没有机会接近启功。这位维修工有一天突发奇想,发挥"从我做起,万事不求人"的精神,偷偷摸摸拧松了启功家里的电话线。过了一会儿,他背着工具上门检修电话。启功拿起电话一试,发现电话果然出了故障,于是这位维修工"忙上忙下""跑进跑出",忙得不亦乐乎。"故障"排除后,启功过意不去,随手送给他一件自己的作品。校工强忍喜悦,卷了启功的法书,美滋滋回家去了。

启功对别人幽默,对自己也不"含糊",在他的自撰墓志铭中也幽默了一番——"中学生,副教授。博不精,专不透。名虽扬,实不够。高不成,低不就。瘫趋左,派曾右。面微圆,皮欠厚。妻已亡,并无后。丧犹新,病照旧。六十六,非不寿。八宝山,渐相凑。计生平,谥曰陋。身与名,一齐臭"。

启功喜欢幽默,他的生活中也处处充满了幽默。幽默是一个人品行修养、文化内涵、性格习惯等各方面的外在综合表现,是需要一辈子修炼才能逐渐形成的精神境界和高超语言表达能力的外化,反映的是自爱、自强和自信。听启功演讲、看启功文章、观启功书画、闻启功轶事,经常让人拍案叫绝、忍俊不禁,常令人有醍醐灌顶、回味无穷之感。

自撰墓志铭 一九七七年作

中学生，副教授。博不精，专不透。名虽扬，实不够。高不成，低不就。瘫趋左，派曾右。面微圆，皮欠厚。妻已亡，并无后。丧犹新，病照旧。六十六，非不寿。八宝山，渐相凑。计平生，谥曰陋。身与名，一齐臭。

韵脚上去通押，六读如溜，见顾亭林《唐韵正》

启功自撰墓志铭

第三节

高山仰止

"人无完人,启功除外。"这是中国书法家协会老领导佟韦给启功的评论。

"我心中的佛就是启功。"中国书法家协会原副主席、文物出版社原社长苏士澍先生如是说。

这是在学术圈内流传甚广的对启功一生的评价。从中可以看出,启功具有非凡的人格魅力与近乎完人的品质,否则,这两位重量级的学者也不会公开讲出这么挑战逻辑的话。

启功生前,不愿意,或者说不屑于承认自己的皇族后裔身份,但是,在其内心里,他应该是以"精神贵族"自居的。启功是中国文化中典型的"士"的代表,所谓"平民本色、精英

北京师范大学校训

学为人师
行为世范

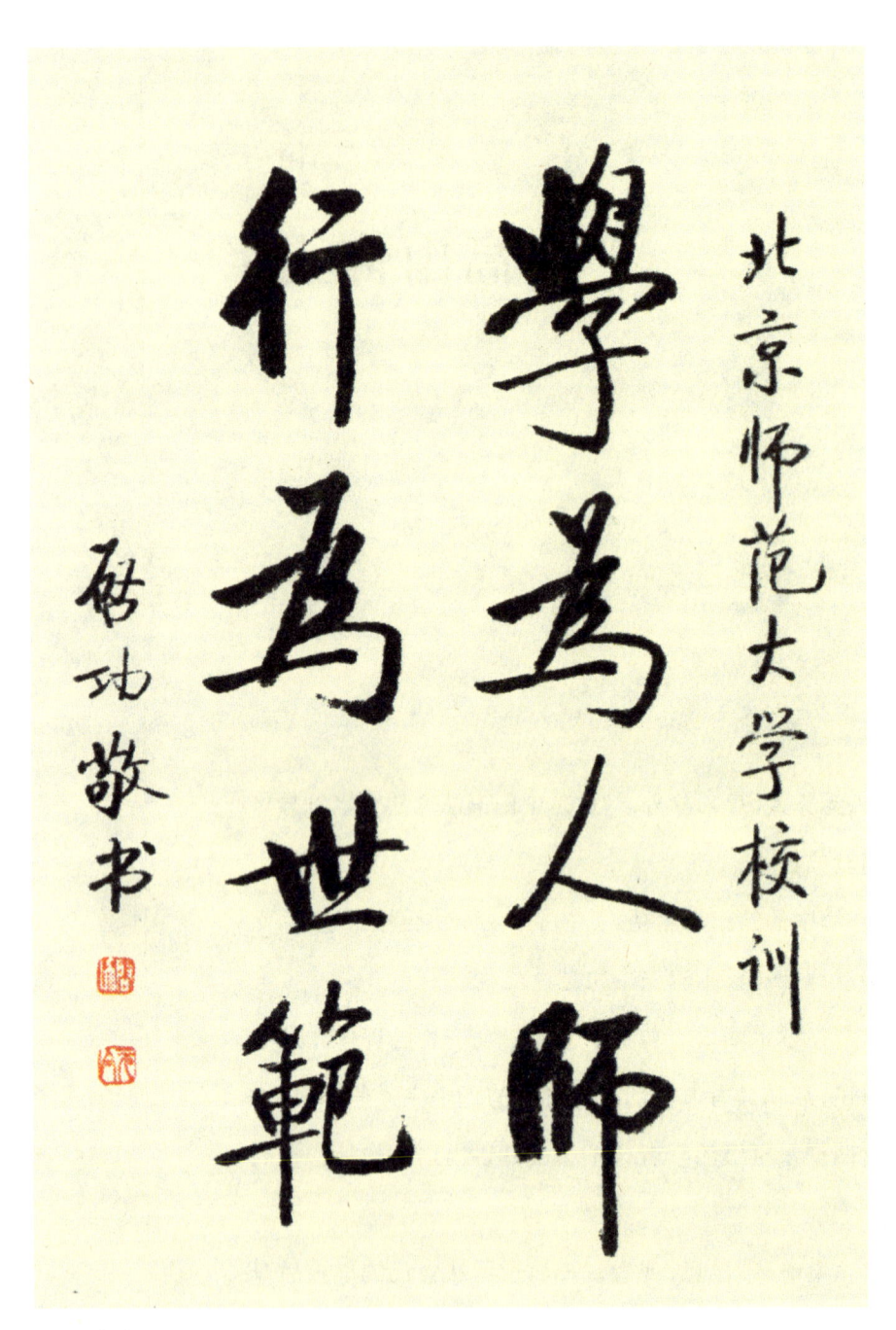

启功 敬书

北京师范大学校训

意识",他外表看上去总是喜怒不形于色,对身外事淡然处之;实则骨子里坚守原则,爱憎分明,对底线"不越雷池一步"。启功一生浸淫于中国传统文化的海洋之中,以学问安身立命,也以学问享受生命中的乐趣,他最看重文化,以文化的守护、发展和传播为己任。中国文化自成体系,是独立的富有魅力的文化,中国文化有一套属于自己的知识修养体系,这个体系从宋代起大致已经完善。文化靠的是传承,传承者们通经史诸子,能文能诗,知书善画,懂音律,解阴阳,思想上或儒或道、抑或回旋于儒释道之间,注重品行而不执着,追求自由而不逃避现实,不拘小节而又严守大义……这些生生不息的文化传承者,可称为"士"。

启功正是这样的人。他一生坎坷,大部分时间都过着清贫的生活,但他始终以乐观的心态面对现实,终不稍坠其志。他不拘一格,师从百家,在书画创作、书画理论、书画鉴定、诗词创作、古典文学研究、古代文献学研究、古代汉语研究以及历史学、宗教学、版本目录学等方面都颇有成就。他从教70余年,没有一天懈怠,为人师表,高度负责,桃李满天下。他心地纯净,不掺杂念,并置生死于度外,视名利如鸿毛。他屡受命运戏弄,旧时代、新社会都曾受到不公平待遇,但他却终生热爱国家、奉献社会。

著名画家王明明曾经说过,"启功先生是20世纪中国文化史上一座丰碑,是一座大山、一个宝库,值得我们不断挖掘与发现"。

"学为人师,行为世范"是启功先生为北京师范大学拟订并亲笔题写的校训,"所学足为后辈之师,所行应为世人之范"是他对这则校训的深刻阐释,实际上也正是他立身治学处世的生动实践。学习启功,继承启功,更重要的是要见贤思齐,以启功为"师"为"范",如此,才有可能超越这座大山,才能真正继承启功未竟的事业。